HERBES ET ÉPICES

À PLANTER ET À CUISINER

Herbes et épices à planter et à cuisiner
est extrait du *Grand Livre des plantes aromatiques & médicinales,*
publié par Sélection du Reader's Digest.

Équipe de Sélection du Reader's Digest
Responsable éditoriale : Anne Grégoire
Direction artistique : Didier Pavois
Lecture-correction : Béatrice Argentier
Iconographie : Danielle Burnichon

Nous remercions également :
Maquette : Fabrice Malbert
Prépresse : Damien Noirot
Fabrication : Marie-Pierre de Clinchamp

Première édition
Premier tirage

SOMMAIRE

HERBES ET ÉPICES DE A À Z

Ce guide pratique vous présente plus de soixante herbes aromatiques et épices, dont la plupart peuvent être cultivées chez soi. Il vous explique comment les faire pousser, les employer en cuisine et les conserver.

AGASTACHE

Agastache foeniculum syn. *A. anthiodora, A. anisata* Lamiacées

Les agastaches ont un feuillage aux senteurs d'anis, de menthe ou d'agrume. Leurs épis florifères sont appréciés des abeilles, qui en font un miel parfumé et apportent une note élégante à vos jardins d'herbes.

Jardinage

L'agastache *(Agastache foeniculum)* est une plante vivace résistante, au doux arôme anisé. Il en existe également aux parfums de balsamine et de menthe poivrée ou menthe pouliot.

- **Variétés** On distingue notamment les variétés 'Golden Jubilee', au feuillage doré, et 'Alabaster', à fleurs blanches. Parmi les autres espèces, l'hysope géante *(A. urticifolia)* et la menthe coréenne *(A. rugosa)* ressemblent à l'agastache. La menthe coréenne est une plante vivace de courte durée, plutôt robuste même si elle est plus sensible au gel que l'hysope anisée. Ses fleurs sont violettes et ses feuilles ont un parfum de menthe. La menthe réglissée *(A. rupestris)* est une plante vivace à petites feuilles au parfum de réglisse et aux épis de fleurs abricot riches en nectar. L'agastache argentée *(A. cana)*, communément appelée hysope sauvage ou reine-des-bruyères, est une espèce vivace spectaculaire qui mesure jusqu'à 90 cm à maturité, avec de longs et denses épis de fleurs rose-mauve et un feuillage très aromatique.
- **Emplacement** Les espèces *A. foeniculum*, *A. rugosa* et *A. urticifolia* préfèrent une exposition semi-ombragée et un sol légèrement acide, voire neutre. La plupart des autres espèces poussent sous des climats secs et résistent bien à la sécheresse. Elles préfèrent la lumière, un sol bien drainé et une exposition ensoleillée, et elles se plaisent en pots.
- **Multiplication** Semez les agastaches au printemps. Recouvrez les graines de terre. Comptez 6 à 8 semaines pour qu'elles germent. Mettez en pots quand les plants atteignent 8 à 10 cm. Au printemps, les plants arrivés à maturité produisent à la base de nombreuses pousses de bois tendre. Vous pouvez réaliser des boutures en été, ou procéder par division de touffes.
- **Entretien** Les agastaches sont plutôt résistantes mais elles peuvent vite dépérir dans des conditions humides et froides. L'hysope anisée et la menthe coréenne peuvent se ressemer seules et sont prolifiques.
- **Parasites et maladies** Par temps sec et chaud, les feuilles peuvent être attaquées par l'oïdium.
- **Récolte et conservation** Utilisez les feuilles et les fleurs fraîches, ou séchez-les à l'ombre en suspendant les bouquets tête en bas. Elles conserveront leurs couleurs et leur parfum.

En cuisine

Au XIXe siècle, le généreux nectar des fleurs de l'agastache était très prisé des apiculteurs d'Amérique du Nord, car il donnait au miel un parfum légèrement anisé. Les Amérindiens l'utilisaient comme thé et comme édulcorant. Infusez les feuilles sèches pour en faire une tisane à boire chaude ou froide. Elles assaisonnent fort bien l'agneau, le poulet ou le saumon. Les graines peuvent être ajoutées aux gâteaux et muffins. Utilisez les fleurs et les feuilles fraîches de l'agastache et de la menthe coréenne en salade. Le parfum et la saveur de menthe poivrée et d'anis de la menthe coréenne en font un bon substitut à la menthe.

Hysope anisée.

AIL ET OIGNON

***Allium* spp. Alliacées**

Il y a plus de 5 000 ans, les Sumériens plantaient déjà des oignons. Ces « truffes du pauvre » ajoutent de la saveur aux plats ; délicieux crus, frits ou sautés, les oignons entrent dans la composition de nombreuses recettes.

Jardinage

Le genre *Allium*, qui regroupe environ 700 espèces, comprend les oignons globes, les échalotes, les poireaux, l'ail et la ciboule, y compris des formes curieuses comme l'oignon à caboche et l'oignon patate. Ils sont depuis longtemps entrés dans nos jardins d'ornement. Les alliums sont tous bulbeux ou rhizomateux, avec des feuilles creuses semblables à des brides et des ombelles simples de fleurs en forme d'étoiles ou de clochettes s'échappant d'une bractée papyracée.

- **Les ails**

L'ail *(A. sativum)* est divisé en deux groupes : l'ail à tige tendre et l'ail à tige dure. Le premier, généralement plus court, ne fleurit pas et ses feuilles meurent, laissant un bulbe qui se conserve bien. Le deuxième a des tiges florifères longues et dures qui restent bien attachées au centre du bulbe.

L'ail triquètre *(Allium triquetrum)* a de jolies ombelles de fleurs blanches.

L'ail éléphant

Originaire de la Méditerranée et du Moyen-Orient, l'ail éléphant (*A. ampeloprasum* ou 'Éléphant') a des gousses géantes à la saveur douce qui sentent moins fort que l'ail commun. Comme tous les alliums, c'est une plante de la famille du poireau (il est aussi appelé poireau doux). Mangez les gousses crues ou préparez-les comme des oignons.

L'ail à tige dure est résistant et bien parfumé, mais il ne se conserve pas longtemps. Il comprend l'ail rocambole, qui produit de longues tiges sinueuses en spirale, aux têtes de fleurs mêlées à des bulbilles (bulbes secondaires poussant sur les nouveaux plants), et qui sous la terre forme un ensemble de 4 à 14 gousses (ou caïeux).

L'ail des ours *(A. ursinum)* est une espèce au parfum intense dont on utilise les feuilles et les bulbilles.

L'ail rocambole, aussi appelé ail géant d'Espagne ou ail rouge de Provence *(A. scorodoprasum)*, a un gros bulbe violet foncé entouré de petits bulbes pourpres et une tige florifère mesurant jusqu'à 80 cm, qui porte des fleurs et des bulbilles rouge-violet.

L'ail triquètre ou ail à trois angles *(A. triquetrum)* a un feuillage et de petits bulbes au parfum aillé, et des ombelles de jolies fleurs étoilées tombantes de couleur blanche.

L'ail penché *(A. cernuum)*, une variété vivace d'Amérique du Nord, dégage une intense saveur d'oignon.
L'ail du Canada *(A. canadense)* a des bulbes blancs croustillants et très parfumés. Son feuillage exhale un parfum d'oignon.
L'ail des bois ou oignon sauvage *(A. tricoccum)*, originaire des régions boisées et humides d'Amérique du Nord, forme une touffe de bulbes fins, à la très forte odeur d'oignon et d'ail.

- **Les ciboules**
  Quatre sortes de ciboules sont cultivées pour leur feuillage. Il y a la ciboulette ou civette *(A. schoenoprasum)*, qui a des ombelles rose-violet, la ciboule de Chine ou ciboulette ail *(A. tuberosum)*, qui a des fleurs blanches et un feuillage presque plat délicieusement parfumé, la ciboule parfumée chinoise *(A. ramosum)*, originaire d'Asie centrale, qui a des fleurs à pétales blancs rayés de rouge, et enfin la ciboule blanche ou ail fistuleux *(A. fistulosum)*, une plante vivace qui forme des touffes pâles à la base mais sans véritables bulbes. La ciboule de Chine *(A. chinensis)* est une espèce cultivée en Asie pour ses bulbes à la texture croustillante, qui peuvent être mangés crus, en condiments ou cuits.

1 Oignons blancs. 2 Oignons bruns. 3 Oignons blancs avec leurs fanes. 4 Oignon rouge. 5 Ciboule.

- **Les oignons**

L'oignon commun *(A. cepa)* est le plus connu de cette famille aromatique.
L'oignon perpétuel ou oignon égyptien (*A. cepa*, groupe *Proliferum*) a un bulbe basal, et les fleurs laissent la place à des bulbilles en grappe, dont le poids pèse sur les tiges, favorisant ainsi l'enracinement des bulbilles.
L'oignon patate ou échalote ronde (*A. cepa*, groupe *Aggregatum*) a un ensemble de petits oignons rondelets agrégés à la base.
Les échalotes (*A. cepa*, groupe *Aggregatum*) forment un ensemble hors terre de bulbes agrégés à la saveur délicate.

- **Les poireaux**

Les poireaux *(A. porrum)* sont originaires de la région méditerranéenne. D'une saveur plus légère que les oignons, ils regroupent des variétés résistantes comme 'Très Long d'Hiver de Paris' et 'Bleu de Solaise', qui tiennent tout l'hiver ; 'Monstrueux de Carentan', une variété vigoureuse au parfum délicat ; et 'Malabare', une variété précoce qui convient parfaitement à la récolte de jeunes légumes.
Le poireau d'été ou carambole *(A. ampeloprasum)*, encore appelé ail faux poireau ou poireau du Levant, est une plante vivace aux feuilles plates retombantes, au gros bulbe basal et à petits bulbes à la base des feuilles.

- **Emplacement** Les principales espèces d'*Allium* ont besoin d'un sol bien labouré et désherbé, bien drainé et exposé au soleil.
- **Multiplication** Les oignons peuvent être cultivés à partir de graines ou de bulbes dans leur première année. Semez les graines des familles de la ciboule et du poireau au printemps. Plantez les gousses d'ail à la verticale, avec la pointe en haut sous 2,5 cm

de terre. Elles auront besoin de fraîcheur et de temps pour pousser, donc mieux vaut le faire à l'automne ou au début de l'hiver. Quelques espèces, dont A. triquetrum et *A. tuberosum*, se reproduisent librement et peuvent s'avérer envahissantes.

- **Entretien** Il faut désherber régulièrement, en particulier au début. Évitez de trop arroser.
- **Parasites et maladies** Les principaux problèmes sont l'oïdium, le botrytis, la pourriture blanche et la rouille. Faites pousser des variétés résistantes, évitez les engrais riches en azote, et espacez suffisamment les plants pour garantir une bonne circulation de l'air. Évitez de trop arroser. Enlevez et brûlez toute partie malade, et ne replantez pas d'allium dans ce sol avant 3 ans. L'ail peut être attaqué par les nématodes (vers ronds). Dans ce cas, détruisez par le feu les plantes atteintes, les produits chimiques étant sans effet.
- **Récolte et conservation** Si vous cultivez les alliums pour leurs feuilles aromatiques, cueillez-les et utilisez-les fraîches. Vous pouvez récolter les oignons à tout moment. Quand elle a fini de pousser, la fane de l'ail ou de l'oignon retombe et dépérit. Choisissez plutôt une journée ensoleillée pour cueillir les bulbes d'ail ou d'oignon, puis laissez-les sécher quelques jours. Conservez-les dans un lieu sec et bien aéré pour éviter toute pourriture fongique.

En cuisine

L'ail s'accorde bien avec la plupart des herbes et des épices. C'est un ingrédient essentiel de la cuisine asiatique, mexicaine, méditerranéenne, moyen-orientale et des Caraïbes.

L'ail existe dans différentes couleurs : blanc, rose ou violet en fonction des variétés. Choisissez des bulbes bien fermes qui ne germent pas, à l'étroit dans leurs cosses. Les gousses pelées doivent être blanc crème, et non grises ou jaunes. Enlevez toutes parties décolorées avant usage car elles donneraient un goût rance au plat.

Une fois les gousses d'ail pelées, tranchées ou émincées, les enzymes réagissent à l'exposition à l'air libre et produisent une odeur sulfurée stagnante. La saveur de l'ail donne une impression de chaleur sur le palais. Plus il est pilé ou émincé finement, plus l'arôme est prononcé. Bien cuisiné, l'ail a un arôme suave et doux. Faites cuire au four une tête entière, puis pressez le contenu des gousses. Étalez la purée sur du pain ou de la viande ou mélangez-la à une purée de légumes.

L'ail est utilisé cru dans l'aïoli et dans la tapenade. Faites un beurre aillé avec de l'ail pilé et du beurre, qui sera délicieux en sauce sur la viande. Vous pouvez aussi étaler ce beurre aillé sur du pain, le mettre dans de l'aluminium ménager et le passer 10 minutes à four chaud. En Italie, la bruschetta est faite avec de l'huile d'olive et non du beurre. Pour parfumer vos rôtis, faites de petites entailles dans la viande puis glissez-y des tranches d'ail avant de les cuire. Ou bien mettez quelques gousses entières à l'intérieur du poulet. L'ail est aussi disponible en purée, en flocons déshydratés, en poudre et en granulés dans le commerce. Son odeur est alors moins subtile.

La ciboulette

En fonction de la variété, la civette, ou ciboulette *(A. schoenoprasum)*, a une légère saveur d'ail ou d'oignon, qui accompagne agréablement les sauces, ragoûts, purées de légumes (pommes de terre), poissons, volailles et œufs (notamment les œufs brouillés), ainsi que les fromages crémeux et les vinaigrettes. Son parfum délicat est facilement détruit à la cuisson, aussi vaut-il mieux l'ajouter en fin de cuisson ou hors du feu avant de servir.

Coupez la ciboulette aux ciseaux plutôt qu'avec un couteau. C'est une herbe essentielle au mélange de fines herbes, avec le cerfeuil, le persil et l'estragon. Ciselez la ciboulette et faites-la surgeler dans un bac à glaçons pour la conserver. Les fleurs sont une jolie garniture.

Ciboulette *(Allium schoenoprasum)*.

ANETH

Anethum graveolens Apiacées

S'il ressemble au fenouil, l'aneth possède un arôme plus proche de celui du persil et du carvi. Il est souvent utilisé dans la cuisine scandinave.

Jardinage

L'aneth est une plante annuelle résistante, qui mesure 70 à 80 cm. Son feuillage plumeux est bleu-vert, et ses jolies ombelles composées aux fleurs jaunes font place à de petites graines ovales plates.

- **Variétés** Les variétés d'aneth dont on récolte les feuilles sont cultivées pour leur vigueur et leur propension à fleurir prématurément. Elles comprennent les espèces 'Fernleaf' et 'Tetra Goldkronne', toutes deux aux arômes agréables. Pour une culture en pots, mieux vaut sélectionner des variétés petites et buissonneuses comme 'Fernleaf'. Si vous le cultivez pour ses graines, l'aneth 'Mammoth' porte de grandes têtes de fleurs sur des tiges mesurant jusqu'à 1 m.
- **Emplacement** L'aneth a besoin de plein soleil et d'un sol humide et bien drainé.
- **Multiplication** Semez les graines directement dans la terre au début du printemps, et tous les mois jusqu'à la fin de l'été, pour être toujours approvisionné en feuillage. Pour la récolte des graines, semez au printemps, à tout moment, pour que les plants soient mûrs en été.
- **Entretien** Espacez les plants de 45 cm. Vous devrez peut-être mettre un tuteur sur les grandes variétés.
- **Parasites et maladies** L'aneth est généralement sans problème majeur. Néanmoins, si les conditions de culture sont humides, les racines peuvent pourrir, et les plantes rougir et se faner.
- **Récolte et conservation** Récoltez les feuilles selon vos besoins. Pour les sécher, étalez-les sur du papier puis passez-les au micro-ondes pour qu'elles gardent leur couleur et leur parfum. Conservez-les dans un pot hermétique, dans un endroit sec et frais. Les feuilles fraîches se conservent bien au réfrigérateur, dans un sac en plastique. Elles peuvent aussi être surgelées. Récoltez les graines quand elles commencent à mûrir en coupant les tiges et en les suspendant la tête en bas dans des sacs en papier ou au-dessus de feuilles de papier pour récupérer les graines qui tombent.

En cuisine

Les feuilles fraîches ont un goût qui rappelle le carvi et le persil ; elles conviennent aux fromages à pâte molle, aux sauces blanches, aux œufs, aux poissons, aux crustacés, aux salades, aux soupes et aux légumes, en particulier aux pommes de terre. L'aneth sert aussi à préparer des condiments réputés (cornichons ou concombres) ainsi que le gravlax, un plat scandinave de saumon au sel et à l'aneth. Ajoutez de l'aneth frais à vos plats cuisinés chauds juste avant de servir, car la cuisson atténue sa saveur. Les graines d'aneth sont utilisées dans les mélanges d'épices pour condiments, dans le pain (notamment le pain de seigle) et dans certains assaisonnements pour la viande.

Les graines d'aneth sont utilisées dans le mélange ras el-hanout. Consultez la recette de couscous à l'agneau, page 112.

ANGÉLIQUE

Angelica archangelica **syn.** ***A. officinalis*** **Apiacées**

L'angélique est une plante aromatique reconnue pour ses vertus médicinales et culinaires. Elle doit son nom à l'archange Raphaël, qui aurait révélé à un moine qu'elle guérissait de la peste.

Jardinage

Originaire du nord de l'Europe, l'angélique *(Angelica archangelica)* est une plante vivace mesurant 1,20 m cultivée comme une bisannuelle. Elle a une tige creuse côtelée et des feuilles composées. La deuxième ou la troisième année, des fleurs apparaissent en bout de tige, culminant à 2 m. L'angélique sauvage *(A. sylvestris)* et l'angélique pourpre d'Amérique du Nord *(A. atropurpurea)* ont des usages similaires à ceux de l'angélique chinoise ou dong quai (*A. polymorpha* var. *sinensis*). L'angélique pourpre est une très belle plante ornementale mesurant jusqu'à 3 m avec des tiges noires à reflets pourprés et des fleurs aux nuances vert clair à blanc. L'espèce géante *A. gigas*, qui mesure 2 m à maturité, est également magnifique avec ses boutons grenat qui s'épanouissent en larges ombelles rouge pourpre.

- **Emplacement** L'angélique a besoin d'ombre dans un sol bien drainé mais humide et légèrement acide qui aura été enrichi avec du compost. Prévoyez au moins 1 m entre chaque plant.
- **Multiplication** Semez rapidement les graines une fois récoltées mais, auparavant, mélangez-les à du sable ou à de la vermiculite humide et mettez-les dans un sac en plastique. Stockez-les dans la section la plus froide et sèche du réfrigérateur pendant 6 à 8 semaines. Puis semez-les dans des cagettes. Couvrez à peine les graines et gardez le sol humide. Quand les pousses mesurent 10 cm ou bien quand la cinquième ou sixième feuille apparaît, il est temps de les mettre en terre.
- **Entretien** Les plantes meurent quand les graines sont à maturité. On peut retarder l'échéance en coupant les tiges florifères. Les plantes de l'année dépérissent en hiver pour repousser de plus belle au printemps suivant. Arrosez-les régulièrement.
- **Parasites et maladies** À l'exception des mouches mineuses, qui abîment les feuilles, les angéliques sont peu sujettes aux parasites. Dans des conditions chaudes et sèches, elles peuvent cependant être attaquées par l'oïdium. Leurs fleurs attirent de nombreux insectes bénéfiques, dont les mouches volucelles ou les chrysopes.
- **Récolte et conservation** Récoltez les feuilles et les tiges florifères à la fin de la deuxième année. Déterrez les racines, lavez-les et séchez-les. Cueillez les graines une fois brunes et sèches.

En cuisine

L'angélique est un légume populaire en Scandinavie, bouilli ou cuit à la vapeur. Elle a une saveur musquée aigre-douce. Les graines et les tiges séchées entrent (en macération ou sous forme d'huile essentielle) dans la fabrication de vermouth et de liqueurs comme la Chartreuse et la Bénédictine. Les feuilles et les jeunes tiges cristallisées décorent souvent gâteaux et confiseries. Blanchissez les jeunes pousses pour les cuisiner en salade. Utilisez les feuilles et les tiges dans des marinades ou des jus pour pocher les fruits de mer. Ajoutez les feuilles lors de la préparation de tartes aux fruits comme celles à la rhubarbe. Elles aident à casser l'acidité, et leur douceur suave permet de réduire la quantité de sucre.

Angélique confite.

ANIS

Pimpinella anisum Apiacées

En pâtisserie et en confiserie, c'est souvent l'anis qui donne le parfum de réglisse. La badiane, ou anis étoilé (sans lien de parenté), et le myrte anisé ont des saveurs proches.

Jardinage

L'anis est une plante aromatique annuelle aux feuilles pétiolées et dentelées, simples ou lobées. Les fines tiges florifères portent des ombelles composées de fleurs blanches puis de graines grisâtres striées. La badiane ou anis étoilé (*Illicium verum*, de la famille des illiciacées) est un arbuste à feuilles persistantes dont les fruits s'ouvrent en étoiles à 8 branches, contenant des graines dures et brillantes. À ne pas confondre avec la fausse badiane *(I. anisatum)*, qui est neurotoxique, et avec l'anis pourpre *(I. floridanum)*, non consommable.

- **Emplacement** L'anis préfère un sol enrichi, léger, bien drainé et plutôt neutre. La badiane et le myrte anisé (*Backhousia anisata*, de la famille des myrtacées) se plaisent dans un sol humifère, non calcaire. La badiane est résistante au froid (jusqu'à – 5 °C), et le myrte anisé, plus sensible (5 à 7 °C minimum).
- **Multiplication** Le semis des graines se fait à la fin du printemps. Pour la badiane et le myrte anisé, procédez par marcottage ou boutures en été, et laissez prendre racine pendant quelques semaines dans un compost sablonneux non calcaire, dans une atmosphère chaude et humide.
- **Entretien** Gardez l'anis sans ses graines. Taillez légèrement la badiane et le myrte anisé au printemps, pour ôter les branches entrelacées et garder une forme de buisson ouvert.
- **Parasites et maladies** L'anis repousse les aphidés et attire les insectes bénéfiques comme les mouches volucelles et les guêpes.
- **Récolte et conservation** Coupez l'anis quand les graines sont à maturité. Attachez les bottes dans des sacs en papier et pendez la tête en bas pour les faire sécher et récupérer les graines. Cueillez les feuilles selon les besoins, et déterrez les racines à l'automne. Récoltez la badiane juste avant pleine maturation des fruits, et les feuilles fermes du myrte anisé à tout moment.

Une étoile culinaire

La badiane (4) est essentielle à nombre de cuisines asiatiques. Avec le poivre du Sichuan (1), les clous de girofle (3), la cannelle (2) et les graines de fenouil (5), c'est un ingrédient du mélange aux cinq épices chinois (voir photo ci-contre) et du garam masala indien. Vous pouvez utiliser la badiane entière, cassée ou moulue. Ajoutez-en dans des ragoûts de porc, de poulet ou de canard. Mettez une étoile entière dans la carcasse du poulet ou du canard avant de le rôtir.

En cuisine

Les graines et l'huile d'anis vert entrent dans la composition de boissons comme le pastis en France, l'ouzo en Grèce ou le raki en Turquie. Utilisez les graines entières ou écrasées. Pour plus de saveur, il est préférable de les moudre. L'anis convient aux plats cuisinés et sucrés, aux légumes et aux fruits de mer, aux currys, aux condiments, aux soupes et aux tisanes. Ajoutez quelques jeunes feuilles dans les salades vertes, dans les plats de poisson légers, dans les salades de fruits et dans les légumes cuits. Les fruits de l'anis étoilé sont très coriaces : pensez à les moudre ou à les tremper longtemps dans un liquide chaud, pour qu'ils révèlent tout leur parfum.

BARDANE

Arctium lappa Astéracées

On trouve la bardane dans les bois et les haies. Nombreux sont ceux qui se souviennent avoir lancé, enfants, ses fruits à barbe qui s'accrochent aux vêtements.

Jardinage

La bardane est une plante bisannuelle très résistante, aux grandes feuilles ovales, aux épaisses tiges branches et aux fleurs violettes rappelant celles du chardon. Elle peut mesurer jusqu'à 2 m.

- **Variétés** Certaines variétés japonaises sont cultivées comme légumes pour leurs racines fines et craquantes, qui mesurent jusqu'à 1 m ; notamment 'Takinogawa Long' et 'Watanabe Early'. De consistance non fibreuse, elles ont un arôme proche du panais et de l'artichaut de Jérusalem.La petite bardane *(Arctium minus)* est une herbe courante dans l'hémisphère Nord. Elle est plus amère.
- **Emplacement** La bardane préfère un sol humide, bien drainé, riche en humus, en plein soleil ou légèrement ombragé. Elle se dessèche en hiver.
- **Multiplication** Semez les graines au printemps ou à la fin de l'automne. Gardez la main légère, en espaçant les plants de 15 cm s'ils sont alignés dans un potager. Pour de longues racines droites, creusez le sol à 60 cm et déposez un compost bien décomposé avant de semer.
- **Entretien** Gardez le sol humide et pensez à enlever les mauvaises herbes, surtout quand les plants sont jeunes.
- **Parasites et maladies** La bardane est une plante résistant aux parasites et maladies, sauf aux chenilles mineuses des feuilles, qui les abîment sans que cela soit préjudiciable à la plante.
- **Récolte et conservation** Récoltez les jeunes pousses et les feuilles au printemps si vous la cuisinez comme un légume vert. Les tiges à grandes feuilles peuvent être consommées cuites. Grattez-les pour ôter le duvet. Arrachez les racines en automne quand elles font au moins 30 cm de long, 120 à 150 jours après la plantation, en fonction de la variété. Pour un usage médicinal, nettoyez, émincez et faites sécher les racines.

En cuisine

Au Japon, la bardane est appelée gobo. Elle est utilisée comme légume et comme condiment dans le miso. En Corée, elle est consommée comme légume. Les racines et les queues des feuilles sont cuites à la vapeur ou sautées, et servies avec de la sauce de soja et des graines de sésame. Vous pouvez utiliser les racines crues en salade. Pour diminuer l'amertume, faites tremper les racines et les tiges dans de l'eau avant de les faire cuire.

L'invention du Velcro

Les petits crochets qui hérissent la bardane et restent collés aux vêtements ont inspiré Gérard Mestral, l'inventeur du Velcro en 1945. « Velcro » vient des mots « velours » et « crochet ». Les applications de cette invention sont multiples, des attaches de vêtements, sacs ou chaussures à celles des crochets et boucles en acier inoxydable utilisés pour fixer les pièces des voitures.

BASILIC

Ocimum spp. Lamiacées

Si le basilic doux est emblématique de la cuisine italienne, il est en fait originaire d'Asie tropicale. Il en existe de nombreuses formes et arômes : basilic citron, lime, anisé, épicé, cannelle thym, camphré ou encore encens.

Jardinage

On dénombre 64 espèces de basilics dans les régions tropicales et subtropicales, notamment d'Asie et d'Afrique. En fonction des variétés, il s'agit de plantes annuelles, de plantes vivaces à feuilles persistantes ou d'arbustes, portant des feuilles aromatiques et des épis de fleurs blanches ou roses re   nt au thym. Elles sont faciles à croiser, et la plupart des variétés existantes sont des hybrides complexes. La cuisine méditerranéenne préfère les variétés aux notes d'estragon, tandis qu'en Asie on affectionne celles aux arômes épicés de cannelle ou d'anis. La première variété de basilic citron est arrivée aux États-Unis en provenance de Thaïlande vers 1940. Certains basilics ont un parfum camphré, qui ne convient pas à une utilisation en cuisine.

- **Variétés** En cuisine, on utilise surtout le basilic doux *(Ocimum basilicum)*. Il en existe de nombreuses variétés, regroupées en plusieurs familles.

Le basilic doux à petites feuilles *(O. minimum)* est de forme compacte. Il est très courant en Grèce et souvent proposé en pot. Le basilic 'Green Globe' est une variété présentant une masse dense d'environ 20 cm de diamètre.

Le basilic doux à grandes feuilles comprend la variété 'Napoletano', également connue sous les noms de basilic à feuilles de laitue ou de basilic italien. Ses grandes feuilles ridées d'un vert clair sont excellentes pour préparer le pesto. Le basilic de Gênes est une autre variété italienne au parfum prononcé qui s'accommode parfaitement avec les tomates et l'ail. Les feuilles du basilic 'Mammouth' font jusqu'à 15 cm et peuvent être utilisées en cuisine pour confectionner des roulés.

Le basilic à feuilles colorées est principalement dérivé de l'espèce *O. basilicum purpurescens*. Il regroupe notamment les variétés 'Opal', 'Red Rubin', 'Purple Ruffles', à petites fanfreluches, et 'Ararat', avec ses feuilles vertes tachetées de violet et son parfum de réglisse.

Les variétés de **basilic citron** sont essentiellement issues de croisements entre des plants de basilic doux et de basilic citron ou kemangi *(O. americanum)*. Ces hybrides, connus sous le nom de *O.* x *citriodorum*, comprennent le basilic lime, le basilic 'Sweet Dani' et 'Mrs Burns' Lemon'. La variété 'Lesbos' a un arôme aux notes d'épices, de fleurs et d'agrumes entêtantes. La variété australienne dite 'Aussie Sweetie' est similaire. Une autre forme colonnaire, surtout ornementale, est le 'Pesto Perpetuo'.

Parmi les **variétés à notes épicées** de *O. basilicum*, le basilic 'Oriental Breeze' à fleurs violettes est joli à regarder et bien parfumé. Le basilic cannelle est une plante résistante aux feuilles veinées de violet et aux fleurs rose foncé. Le basilic 'Spice' a un parfum entêtant, proche de l'encens. Le basilic 'Horapha', aussi appelé basilic thaï, anis et réglisse, a des accents de réglisse et d'anis. Ses feuilles dentelées sont nervurées de violet assorti aux bractées violettes de ses fleurs rose pâle.

Le **basilic sacré** (*O. tenuiflorum* syn. *O. sanctum*) a un léger parfum d'épices. La variété 'Purple Tulsi' a de petites fleurs violettes. C'est une importante plante médicinale et rituelle en Inde, souvent plantée en bordure des temples.

Certaines belles variétés de **basilic à feuilles persistantes** sont des hybrides issus de croisements entre basilic doux et basilic camphré *(O. kilimandscharicum)*, une espèce africaine qui tient son nom du mont Kilimandjaro, en Tanzanie. Elles ont des arômes de clous de girofle, avec une note de balsamine. La variété 'African Blue' en est un très bel exemple.

- **Emplacement** Choisissez un emplacement abrité, chaud et ensoleillé, avec un sol bien drainé. Les plantes poussant à l'intérieur nécessitent une bonne aération. N'essayez pas de faire pousser du basilic dans votre jardin si les températures extérieures nocturnes descendent en dessous de 10 °C.
- **Multiplication** À l'exception de celles à feuilles persistantes mentionnées ci-dessus, les variétés de basilic sont généralement annuelles, issues de semis. En début de saison, optez pour un semis clair, en pots ou en caissettes, sous abri ou au chaud. Repiquez après germination et plantez les jeunes plants en les espaçant de 30 cm environ pour les petites variétés et de 45 cm pour les plus grandes. À moins de vouloir vous lancer dans des expérimentations botaniques, ne prenez pas la peine de récupérer les graines de vos plants de basilic : il est fort peu probable que les variétés identifiées se reproduisent à l'identique. Le bouturage convient aux variétés à feuilles persistantes et colonnaires, qui s'enracinent facilement.
- **Entretien** Il faut arroser régulièrement mais raisonnablement. Cette plante tropicale pousse rapidement par des températures supérieures à 16 °C. Si les conditions climatiques sont humides, fraîches, nuageuses, il se détériore rapidement. Pincez les fleurs pour favoriser la pousse des plants touffus et leur longévité productive.
- **Parasites et maladies** Le basilic est une plante sensible aux maladies fongiques, comme la fusariose *(Fusarium oxysporum)*, qui entraîne un dépérissement soudain, et le botrytis ou pourriture grise. Enlevez et détruisez les plants malades (ne les compostez pas), et ne replantez pas de basilic dans un sol contaminé. Il est possible d'améliorer les conditions de culture en augmentant la température et l'aération. La variété 'Nuphar' de type génois est plus résistante à la fusariose. Le basilic peut aussi être attaqué par les aphidés.
- **Récolte et conservation** Vous pouvez couper à tout moment les feuilles à maturité, les épis de fleurs et les bouts de pousse. Pour faire sécher les feuilles, coupez-les à la base des tiges et mettez-les à l'abri de la lumière. Puis émiettez-les et mettez-les au frais et à l'ombre dans un pot en verre (jamais de plastique). Cependant, le basilic se conserve mieux congelé que séché. Mais il perd alors de sa couleur et ne peut être utilisé que pour des plats cuisinés. Congelez les feuilles entières et non en morceaux, car elles s'émietteront aisément.

En cuisine

Le basilic est l'une des herbes aromatiques essentielles. Différentes variétés sont utilisées en Europe et en Asie. Si une recette mentionne « basilic » sans autre précision, il s'agit généralement de basilic doux ou ordinaire *(O. basilicum)*. Le basilic doux frais est très aromatique, avec un parfum et une saveur qui rappellent à la fois l'estragon et l'anis. Évitez d'utiliser un couteau pour le couper car cela peut abîmer la plante et noircir les feuilles. Pour de belles salades et de jolies sauces pour vos pâtes, émiettez le basilic avec vos doigts. Les jeunes feuilles ont plus de parfum que les vertes, les plus vieilles ont un goût plus puissant, moins délicat. Quand il est cuit, le basilic perd vite son arôme et ses feuilles ont tendance à noircir. Il vaut mieux l'utiliser pour apporter une touche aromatique prononcée à la fin de la cuisson. Au moment de servir, vous pouvez ajouter quelques feuilles pour une note parfumée et colorée. Le basilic s'accorde bien avec la tomate, le poulet, les œufs, le riz, les sauces pour les pâtes et les légumes comme les haricots, les poivrons et les aubergines. La recette des rouleaux de printemps est présentée page 98. Le basilic convient aussi aux farces. Il est surtout connu pour être la base du pesto (ou pistou). Les variétés à notes citronnées ou épicées sont mieux adaptées aux recettes asiatiques.

BOURRACHE

Borago officinalis Boraginacées

La bourrache est appréciée des abeilles et à ce titre souvent cultivée par les apiculteurs. C'est aussi une excellente plante compagne : les fraises profitent de son voisinage ; elle repousse certains parasites.

Jardinage

La bourrache est une plante annuelle résistante en forme de rosace, avec de grandes feuilles ovales et de longues tiges florifères creuses mesurant jusqu'à 60 cm. Elle a un parfum de concombre. Hérissée de poils, elle est désagréable à tenir en main et irritante pour les peaux sensibles. Ses fleurs bleu vif ont 5 pétales, le centre est blanc avec des étamines noires. Les fleurs tournent au rose en vieillissant.

- **Variétés** Il existe 3 espèces de bourraches, mais seule *Borago officinalis* a des propriétés médicinales. Il n'existe qu'une seule variante de couleur : la variété 'Alba', à fleurs blanches, qui se multiplie correctement à partir des graines.
- **Emplacement** La bourrache préfère le soleil, et un sol bien drainé, bêché et composté.
- **Multiplication** Semez directement dans la terre au printemps et en automne. Vous pouvez semer les graines en pots. La bourrache germe en 3 à 5 jours. Pensez à transplanter les jeunes plants quand ils sont bien enracinés. Répartissez-les tous les 45 cm. Si les conditions sont bonnes, la bourrache repousse d'elle-même.
- **Entretien** Conservez le sol humide et fertilisez au printemps.
- **Parasites et maladies** Généralement sans parasites ni maladies.
- **Récolte et conservation** Récoltez les feuilles et fleurs de bourrache selon vos besoins. Les feuilles et les fleurs sont utilisées fraîches. Pensez à ôter les sépales verts des fleurs, car ils ont mauvais goût. Autrefois, on séchait les feuilles pour en faire du thé. On juge désormais cette pratique dangereuse en raison de la présence d'alcaloïdes de pyrrolizidine nocifs pour le foie s'ils sont absorbés en quantité.

En cuisine

Les fleurs peuvent agrémenter les salades, mais ne les mélangez pas à des jus de fruits ou du vinaigre, car les acides les feront rosir. On conservera les fleurs quelque temps en les faisant prendre dans des glaçons pour accompagner des boissons ou en les cristallisant pour décorer les gâteaux (voir page 124). Un verre de Pimm's est traditionnellement agrémenté d'une petite feuille de bourrache. Elle peut aussi se substituer au concombre dans d'autres boissons glacées estivales.

Bourrache (*Borago officinalis*).

CALAMENT

Calamintha grandiflora, C. menthifolia syn. *C. officinalis* subsp. *sylvatica, C. nepeta* Lamiacées

Certaines espèces de calament sont cultivées dans les jardins d'herbes aromatiques pour leur feuillage parfumé et leurs fleurs, qui ressemblent à celles du thym.

Jardinage

Les calaments sont des plantes peu exigeantes, et ils sont à ce titre de parfaits compléments des bordures et des plantes condimentaires. Peu remarquables, ils s'harmonisent parfaitement à des plantes plus spectaculaires. Le petit calament *(Calamintha nepeta)* est cultivé pour ses minuscules fleurs et sa longue floraison, qui s'étend sur presque tout l'été et l'automne. D'une grande longévité, il se ressème modérément si les conditions sont bonnes.

- **Variétés**

Le calament des bois *(C. menthifolia)* est une plante vivace rhizomateuse, aux feuilles dentelées brillantes au parfum de menthe et aux fleurs tachetées rose-mauve. Il mesure environ 60 cm.
Le calament à grandes fleurs *(C. grandiflora)*, aussi appelé sarriette à grandes fleurs ou thé d'Aubrac, est une plante buissonnante mesurant de 35 à 40 cm, aux feuilles dentelées ovales qui sentent la menthe, aux fleurs roses plutôt épanouies. Sa forme panachée, 'Variegata', donne une belle plante.
Le petit calament *(C. nepeta)* est une plante vivace en buisson à tige molle, qui mesure jusqu'à 75 cm, avec de petites feuilles poilues sentant la menthe poivrée, et de minuscules fleurs allant du mauve pâle au blanc. Il existe de belles sous-espèces, dont *C. nepeta* subsp. *nepetoides*, plutôt large et mesurant jusqu'à 90 cm, et des variétés aux fleurs mauve-bleu et blanches ('Blue Cloud' et 'White Cloud'). *Calamintha nepeta* subsp. *glandulosa*, parfois appelé brouillard blanc, a de plus grandes feuilles, plus parfumées, et de minuscules fleurs blanches.

- **Emplacement** Les calaments poussent dans presque tous les sols, mais ils se sentent mieux dans un sol bien drainé au soleil ou légèrement ombragé. Ils résistent à la sécheresse et au calcaire, ce qui en fait d'excellents sujets pour les terrains secs et crayeux.
- **Multiplication** Semez les graines au printemps dans des pots, avec un compost bien drainé et par chaleur douce. Les variétés hybrides, qui ne se ressèment pas bien, doivent être divisées au début du printemps ou bouturées en été.
- **Entretien** Taillez au printemps pour encourager une belle nouvelle pousse.
- **Parasites et maladies** Les calaments sont généralement bien portants mais, dans des conditions très sèches, le feuillage peut être attaqué par l'oïdium.
- **Récolte et conservation** Les feuilles peuvent être cueillies au printemps et en été. Coupez les fleurs quand elles éclosent. Utilisez les feuilles et les fleurs fraîches pour parfumer les plats ou en tisane, ou faites-les sécher pour l'hiver.

En cuisine

Les feuilles de calament peuvent être utilisées en très petites quantités pour parfumer les viandes rôties, en particulier le gibier, et les légumes comme les courgettes et les champignons. En Italie, le calament est appelé nepetella, et c'est un ingrédient de différentes recettes de sauces.

Calament des bois *(Calamintha menthifolia* syn. *C. sylvatica)*.

CANNELLE

Cinnamomum zeylanicum, C. cassia Lauracées

La cannelle possède une écorce riche en huiles aromatiques particulièrement recherchée en cuisine. Au Moyen Âge, c'était l'un des enjeux du commerce mondial et elle a eu un rôle important dans l'expansion coloniale.

Jardinage

Le cannelier et le cassia ont besoin d'espace, de chaleur et d'humidité. Les jardiniers téméraires peuvent essayer de cultiver l'arbre à camphre *(Cinnamomum camphora)* et le cannelier japonais *(C. japonicum)*, plus robustes, qui peuvent survivre à de brèves chutes des températures, proches du gel, mais préfèrent 10 à 12 °C.

- **Variétés** La vraie cannelle *(C. zeylanicum)* a une écorce brun clair, qui ressemble à du papier, et des feuilles brillantes mesurant jusqu'à 18 cm, avec des veines caractéristiques. À maturité, les arbres peuvent mesurer 10 m. Le cannelier de Chine ou cassia atteint plus de 12 m. L'arbre à camphre est une belle plante en pot dans ses premières années. Les autres variétés culinaires et médicinales comprennent la cannelle du Japon *(C. japonicum)*, la cannelle royale ou de Saigon *(C. loureirii)*, la cannelle d'Australie 'Black Sassafra' ou 'Oliver's Bark' *(C. oliveri)* et le tejpat *(C. tamala)*.
- **Emplacement** Le cannelier, le cassia et le camphrier sont des arbres nécessitant un sol humide et bien drainé, et du plein soleil ou une légère ombre.
- **Multiplication** Semez les graines juste après mûrissement dans des pots de terreau de semis humide bien drainé à environ 15 °C. Les boutures demi-mûres réalisées en été ont besoin de chaleur constante et d'humidité pour favoriser l'enracinement. Conservez-les dans un propagateur à 20-25 °C.
- **Entretien** Les jeunes plantes en pots préfèrent un terreau universel sans tourbe. Les arbres à cannelle, à cassia et à camphre supportent une bonne taille. Au printemps, enlevez les vieilles tiges de la base, pour ne garder que 4 à 6 rameaux solides. Quand les nouvelles pousses atteignent 2 à 3 m, coupez-les d'un tiers pour provoquer de nouveaux départs. Arrosez.
- **Parasites et maladies** Les insectes à écailles et les cochenilles sont à surveiller sur les plantes en pots sous verre.
- **Récolte et conservation** On coupe les tiges de 1 à 5 cm de diamètre quand les nouvelles feuilles apparaissent au printemps. L'écorce est dénudée sur des longueurs de 30 cm et mise en ballots, puis laissée à fermenter dans un lieu chaud et humide pendant la journée. Le lendemain, on ponce la couche externe de liège et on met le reste de l'écorce à sécher au soleil ou dans un four à environ 65 °C. En séchant, les bandes d'écorce s'enroulent. On les emballe ensuite en « bâtons » en insérant les plus petites sections dans les plus grandes.

En cuisine

La cannelle donne une saveur épicée au punch ou au vin chaud, au tchaï (thé indien) et à de nombreuses pâtisseries. Elle se marie bien aux pommes. Les bourgeons de cassia entrent dans la composition du cinq-épices chinois.

Feuilles de cannelier, aux grandes veines verticales caractéristiques.

CARDAMOME

Elettaria cardamomum Zingibéracées

Autrefois, le commerce de la cardamome, originaire de l'Inde, se faisait à dos de chameau, les caravanes traversant le désert le long de la route des épices en direction de l'Europe.

Jardinage

La cardamome est une plante vivace formant un massif mesurant jusqu'à 3 m de haut, avec de longues cannes portant de grandes feuilles pointues de 50 cm de long et de 4 à 5 cm de large. Au début de l'été, au bout des longues tiges et sans ordre distinct, apparaissent des fleurs blanches à lèvres rayées roses aux allures d'orchidées qui laisseront ensuite la place à des cosses angulaires vert pâle. Chaque cosse contient 5 à 7 graines noires très aromatiques. La cardamome est une plante tropicale, mais elle est assez facile à faire pousser en bac, sous serre ou dans une pièce ensoleillée. Cependant, seul un jardinier à la main verte sera capable d'obtenir les cosses.

- **Variétés** Deux autres plantes de la famille du gingembre ont des usages similaires. La première est *Aframomum*, qui comprend *A. angustifolium*, ou cardamome de Madagascar, et *A. korarima*, ou cardamome d'Éthiopie. La deuxième est *Amomum*, qui inclut plusieurs substituts de la cardamome, dont la cardamome ronde *(A. compactum)*, la cardamome brune *(A. subulatum)* et la cardamome bâtard *(A. xanthioides)*. Ces graines ont un parfum moins attirant qui rappelle le camphre ou l'eucalyptus.
- **Emplacement** La cardamome préfère un sol riche, humide et bien drainé, en plein soleil ou mi-ombre, ainsi que des températures élevées et de l'humidité.
- **Multiplication** Semez les graines juste après récolte dans des bacs remplis de compost, sous une miniserre à température constante de 24 °C. Les plantes pousseront rapidement en touffes denses, qui pourront être divisées au printemps.
- **Entretien** Arrosez régulièrement et nourrissez tous les 15 jours en période de pousse. En hiver, gardez au sec et à une température minimale de 10 °C.
- **Parasites et maladies** Les feuilles deviennent marron à l'extrémité en cas de manque ou d'excès d'arrosage. Dans des conditions sèches et chaudes, elles peuvent être attaquées par les araignées rouges. Cela se traduit par un jaunissement et de petites toiles fines.
- **Récolte et conservation** Les cosses sont récoltées mûres mais néanmoins encore fraîches et vertes. Si on les laisse jaunir et sécher, elles s'ouvrent et expulsent les graines. Elles ne mûrissent pas toutes au même rythme, ce qui rend la récolte longue et lente. Il faut les couper une à une avec une paire de ciseaux. Les cosses se conservent bien dans des pots entreposés au frais.

En cuisine

Moulue, la cardamome s'évente vite. Il vaut mieux l'acheter sous forme de cosses entières séchées. Fendez et ouvrez les cosses, puis ôtez les graines avant de les moudre au pilon selon vos besoins. Au Moyen-Orient, on parfume le café avec la cardamome. En Europe du Nord, c'est une épice très courante en pâtisserie. Elle est utilisée dans les currys et s'accorde bien avec les entremets. Les feuilles sont parfois roulées localement en papillotes, dégageant un arôme délicieux à la cuisson.

Précieuses épices

Il y a plus de 4 000 ans, les épices étaient déjà échangées, et les marchands ne tarissaient pas d'histoires séduisantes sur leurs origines exotiques. Ce commerce profitable était alors aux mains des Arabes, des Chinois et des Romains. Puis, au Moyen Âge, Venise en acquit le monopole, ce qui poussa les Européens à chercher de nouvelles routes par l'ouest et les conduisit à coloniser le continent américain.

CARVI

Carum carvi Apiacées

Le carvi était une herbe populaire au Moyen-Orient avant son introduction au XIIe siècle en Europe. Son nom vient de la région de Craia, en Asie Mineure, l'actuelle Anatolie.

Jardinage

Le carvi est une plante bisannuelle ou vivace robuste, aux feuilles divisées proches de celles de la fougère et dont la racine fuselée peut être cuisinée comme légume. La tige florale, qui mesure environ 60 cm, porte des ombelles à petites fleurs blanches tachetées de rose, auxquelles succèdent des graines striées en forme de croissant. En raison de son apparence commune, mieux vaut le planter parmi d'autres légumes ou herbes plutôt qu'en ornement. Étiquetez soigneusement les plants car son feuillage ressemble à celui du persil et de la carotte.

- **Variétés** 'Sprinter' est une variété très productive, et ses graines ne tombent pas dès qu'elles sont mûres, ce qui rend la récolte plus aisée. Il existe plusieurs variétés européennes, comme le carvi 'Artener', également très productif, à grandes graines lisses. L'ajmud (*Carum roxburghianum* syn. *Trachyspermum roxburghianum*), une épice populaire en Inde aux arômes de céleri et de carvi, et l'ajowan (*Trachyspermum ammi* syn. *Carum copticum*), au parfum poivré de thym et anis, sont apparentés au carvi.
- **Emplacement** Le carvi a besoin d'un sol fertile, de chaleur et de plein soleil.
- **Multiplication** Le carvi ne se transplante pas bien. Il vaut mieux le semer directement dans la terre au printemps ou au début de l'automne, en espaçant les plants de 15 cm.
- **Entretien** Désherbez et arrosez régulièrement, car la graine est lente à germer.
- **Parasites et maladies** Le carvi est rarement attaqué par des parasites.
- **Récolte et conservation** Cueillez les feuilles à tout moment. Récoltez les racines avant le début de la floraison. Coupez les tiges florales avant que les graines ne commencent à mûrir et suspendez-les la tête en bas au-dessus de feuilles de papier pour récupérer les graines séchées.

En cuisine

Les graines de carvi parfument le pain de seigle, les soupes, les saucisses, les plats à base de chou, le fromage, les mets à base de porc, le goulash et les pommes cuites, ainsi que certaines liqueurs et spiritueux comme le kummel. Vous pouvez utiliser ses feuilles dans des salades et des soupes. Elles ont une saveur de persil et d'aneth mélangés.

CÉLERI

Apium graveolens Apiacées

Le céleri sauvage est utilisé en cuisine depuis l'Égypte ancienne. Au XVIIe siècle, un céleri plus doux a été développé en Italie.

Jardinage

Les grandes feuilles vertes du céleri sauvage peuvent atteindre 50 cm, avec une tige florifère portant des ombelles de discrètes fleurs vertes teintées de blanc et culminant à 80-100 cm. Toutes les parties, même les petites graines marron, sont très parfumées.

- **Variétés** Le céleri chinois ou kin tsai ('Heung Kunn') produit de jeunes tiges craquantes, qui sont délicieuses sautées. La variété hollandaise 'Zwolsche Krul' a des feuilles frisées qui peuvent être utilisées pour aromatiser ou garnir un plat. La variété 'Celtuce' est une sorte de laitue aux tiges de céleri. La variété 'Per-Cel' est un hybride à la saveur à mi-chemin entre le persil et le céleri.
- **Emplacement** Le céleri préfère un sol riche, humide et bien drainé, et une bonne exposition ensoleillée et protégée du vent. Il supporte les sols salins.
- **Multiplication** Semez les graines de céleri sauvage au printemps. Les plantes qui poussent en rangées doivent être espacées de 40 cm.
- **Entretien** Arrosez régulièrement si le climat est sec.
- **Parasites et maladies** Le céleri sauvage est plus résistant que les variétés cultivées, mais les feuilles peuvent toutefois être attaquées par les chenilles et la septoriose. Retirez les feuilles abîmées et ne gardez pas les graines des plantes infectées par la septoriose.
- **Récolte et conservation** Récoltez les feuilles selon vos besoins. Cueillez les têtes mûres et placez-les dans des sacs en papier. Récupérez les graines séchées et gardez-les dans des pots hermétiques.

En cuisine

Les petites graines comestibles du céleri sont un concentré de saveur. Vous pouvez les moudre, en mélanger une pincée avec du sel de mer et servir avec des œufs de caille ; ou bien utiliser quelques graines entières ou écrasées dans les condiments, les soupes, les ragoûts, le pain ou les biscuits. Ajoutez quelques feuilles de céleri à vos bouillons, soupes, daubes et jus de légumes, notamment en hiver.

Céleri-rave

Le céleri-rave (*Apium graveolens* var. *rapaceum*) ressemble au céleri sauvage, mais il a une grosse tige tubérisée ronde à racines qui en fait une plante potagère. Épluchez la peau extérieure, dure et rêche, avant de le cuire comme un légume, ou préparez-le cru, râpé ou finement émincé dans des salades. Incorporez-le dans une purée de pommes de terre. Les feuilles et les tiges ont une saveur de céleri et peuvent être cuisinées de la même manière. Elles sont parfaites avec le Bloody Mary.

CERFEUIL

Anthriscus cerefolium Apiacées

Déjà apprécié du gourmet romain Apicius au Ier siècle, le cerfeuil est une herbe aromatique incontournable de la gastronomie française.

Jardinage

Le cerfeuil est une plante bisannuelle résistante, souvent cultivée comme une annuelle. Les rosettes sont courtes et portent des feuilles délicates pareilles à de la dentelle, qui rappellent les fougères et ont un parfum anisé. Les fleurs blanches en ombelles sur de fines tiges laissent place à des graines noires effilées. Le cerfeuil aime l'humidité, et les berges des rivières ou mares lui conviennent.

- **Variétés** La variété 'Crispum' a des feuilles légèrement frisées qui la rendent décorative. Le cerfeuil musqué 'Brussels Winter' supporte le froid et le chaud, et son feuillage touffu et vigoureux dure longtemps.
- **Emplacement** Le cerfeuil a besoin d'un sol léger mais humide, presque neutre, et de préférence enrichi de compost. Cultivez le cerfeuil dans un endroit légèrement ombragé car trop de soleil brûle les feuilles et les rosit.
- **Multiplication** Le cerfeuil se récolte plutôt au printemps et à l'automne, car il n'aime ni les grandes chaleurs de l'été ni les grands froids hivernaux. Semez les graines en rangées ou parsemez-les à la fin de l'été, ratissez légèrement et arrosez régulièrement. Les pousses apparaissent après 10 à 14 jours. Le cerfeuil a une longue racine, et les pousses à racines nues sont difficiles à transplanter.
- **Entretien** Arrosez régulièrement les nouveaux plants pour favoriser une pousse luxuriante. Pour aider le cerfeuil à grandir, on peut le protéger et le mettre sous cloche dès qu'il fait froid.
- **Parasites et maladies** Pas de problème particulier.
- **Récolte et conservation** Les plantes peuvent être récoltées 8 à 10 semaines après ensemencement. Comme pour le persil, on récolte les feuilles de l'extérieur, de préférence avec des ciseaux. Les feuilles peuvent être surgelées dans des sacs plastique scellés, mais elles ne sèchent pas bien.

En cuisine

Les fleurs, les feuilles et les racines du cerfeuil sont comestibles. On utilise surtout les feuilles, au délicat parfum anisé. Ajoutez-en à vos plats chauds juste avant de servir, car la chaleur détruit son arôme. La saveur du cerfeuil convient bien aux carottes braisées, aux sauces au beurre et aux soupes crémeuses. Il est bon en salade et est souvent ajouté aux mélanges de graines pour mesclun. Ajouter des brins dans des glaçons apportera une note rafraîchissante aux boissons fruitées en été. Le beurre de cerfeuil (voir les beurres parfumés, page 82) est délicieux sur des biscuits ou du pain. Il peut être utilisé comme nappage savoureux sur les poissons, la viande ou la volaille cuits au barbecue.

Fines herbes

Le cerfeuil est un classique de la cuisine française. C'est l'une des herbes du mélange « fines herbes » (avec le persil, la ciboulette et l'estragon). Il est utilisé pour pocher le poisson, les coquillages et le poulet, et dans les salades vertes ou avec les œufs, notamment dans les omelettes.

CERFEUIL MUSQUÉ

Myrrhis odorata Apiacées

Cette délicieuse herbe ornementale a des feuilles au parfum sucré et anisé. C'est l'une des herbes entrant dans la composition de la Chartreuse, ainsi que dans celle de l'aquavit scandinave.

Jardinage

Originaire des régions montagneuses froides et humides d'Europe, le cerfeuil musqué est la seule espèce de son genre. C'est une plante herbacée vivace résistante, de 1 m à 1,20 m, qui forme une touffe de feuilles aromatiques ressemblant à la fougère et au goût sucré. Aux ombelles de fleurs blanches succèdent de longues graines de 2,5 cm. Crues et vertes, elles ont un goût de noisette. À maturité, elles sont marron foncé brillant. Le cerfeuil musqué est une plante utile dans les jardins à zones boisées humides, à bordures ombragées ou autour des points ou cours d'eau. Si vous cueillez du cerfeuil musqué dans la nature, prenez garde à ne pas le confondre avec le cerfeuil sauvage *(Anthriscus sylvestris)* ou la grande ciguë *(Conium maculatum)*, qui est très toxique et a des tiges tachetées de rouge-violet.

- **Variétés** 'Forncett Chevron' a des taches angulaires blanches sur chaque feuille.
- **Emplacement** Le cerfeuil musqué a besoin d'un sol riche en humus et humide, d'un climat frais et d'ombre.
- **Multiplication** Laissez les graines tomber au pied des plantes mères, où elles germeront au printemps. Sinon, stratifiez les graines dans du sable stérile et humide, ou de la vermiculite, placé dans un sac en plastique scellé, et conservez 8 semaines au réfrigérateur avant de semer au printemps. Dans de bonnes conditions, le cerfeuil musqué se ressème naturellement et peut être envahissant.
- **Soins** Enlevez les pousses en trop avant que se développent de grosses racines pivotantes.
- **Parasites et maladies** Pas de problème majeur.
- **Récolte et conservation** Cueillez les jeunes feuilles pour les utiliser fraîches. Elles gardent peu de leur parfum une fois sèches. Préparez les graines vertes en saumure. Conservez les jeunes racines, une fois nettoyées, dans du cognac ou de l'eau-de-vie.

En cuisine

Les feuilles et les graines vertes sont très riches en anéthol, qui leur donne leur goût anisé. Faites bouillir les racines comme des légumes. Vous pouvez aussi les cristalliser comme l'angélique et en décorer vos desserts. Les tiges craquantes au goût de céleri et les feuilles délicates sont délicieuses en salade. Ajoutez les feuilles émincées à des fruits âcres comme la rhubarbe ou les groseilles à maquereau, car leur douceur naturelle en atténuera l'acidité. C'est un édulcorant qui convient aux diabétiques ; ses graines vertes peuvent aussi se substituer au sucre. Les feuilles de cerfeuil musqué parfument agréablement la crème, les yaourts, le riz au lait, les coupes de fruits au vin, les soupes légères et les vinaigrettes. On peut aussi en ajouter aux omelettes à la place du cerfeuil, et elles font de jolies garnitures.

Le cerfeuil musqué en Orient et en Occident

Osmorhiza, originaire des terres boisées d'Asie et d'Amérique du Nord, est le genre le plus proche du cerfeuil musqué. Il a un goût anisé similaire. Au Japon, le yabu-ninjin *(O. aristata)* se mange cru ou cuit. En Amérique du Nord, *O. claytonii*, *O. longistylis* et *O. occidentalis* sont utilisés comme aromates mais aussi comme légumes.

CITRONNELLE

Cymbopogon citratus Poacées

La citronnelle est une graminée haute, tropicale, au puissant parfum citronné, très utilisée en cuisine dans les pays d'Asie du Sud-Ouest comme la Thaïlande et le Viêt Nam.

Jardinage

Il existe environ 55 espèces de *Cymbopogon*. La plus connue est la citronnelle *(Cymbopogon citratus)*, une des espèces à l'arôme citronné. Ses tiges étroites et feuillues poussent en touffes mesurant 1,50 m. Elle préfère des températures entre 18 et 38 °C, mais elle peut aussi être cultivée en pot et rentrée en hiver (10 °C minimum).

- **Variétés** La verveine des Indes orientales *(C. flexuosus)* est aussi très cultivée pour son huile essentielle. La citronnelle de Ceylan ou nard indien *(C. nardus)* et la citronnelle de Java ont également un arôme citronné. La citronnelle de Palmarosa ou géranium des Indes *(C. martinii)* dégage un parfum de géranium rose quand elle est écrasée. La variété sofia, appelée à tort herbe de gingembre, qui lui est apparentée, a un parfum plus fort.
- **Emplacement** Elle préfère le soleil, un sol bien drainé, une bonne chaleur et une forte humidité.
- **Multiplication** Divisez les touffes avec précaution. Les autres espèces mentionnées ci-dessus peuvent être semées. Nourrissez d'un engrais d'algues.
- **Entretien** Arrosez les plantes régulièrement.
- **Parasites et maladies** La pourriture du collet peut se développer si le sol est mal drainé ou inondé.
- **Récolte et conservation** Cueillez les tiges selon vos besoins. Coupez la partie supérieure verte en segments et faites-les sécher loin du soleil. Mettez-les dans des pots hermétiques et utilisez-les en infusion. Pour la cuisine, enveloppez la portion bulbeuse inférieure, blanche, dans du film transparent et conservez-la au réfrigérateur pendant plusieurs semaines.

En cuisine

Le délicat parfum de la citronnelle s'accorde bien avec la cuisine d'Asie du Sud-Est, et elle est souvent associée au lait de coco et au piment. Elle convient aussi à la cuisine occidentale, en particulier avec les poissons et les fruits de mer. Utilisez la partie inférieure blanche des tiges fraîches et servez-la finement tranchée, en coupant en croisillons pour pallier sa texture fibreuse. Si vous utilisez les tiges entières ou de larges portions, fendez-les pour laisser s'échapper le parfum et pensez à les enlever avant de servir.

Citronnelle après récolte.

CORIANDRE

Coriandrum sativum Apiacées

La coriandre est cultivée depuis plus de 3 000 ans pour son feuillage aromatique, ses racines et ses graines, que l'on a retrouvées dans les tombes des pharaons.

Jardinage

La coriandre est une plante annuelle résistante qui, à première vue, ressemble au persil plat. Les jeunes plants forment des rosettes de longues et fines fanes vert foncé découpées en segments lobés. Leur arôme fort et particulier est très différent de celui des graines rondes marron clair qui succèdent aux ombelles de fleurs blanches. Ces plantes florifères sont suffisamment jolies pour être cultivées avec d'autres herbes ornementales. En raison de son parfum fort, planter de la coriandre parmi des plants de carottes permet de tromper la mouche de la carotte, qui repère les carottes à l'odeur. Elle peut aussi croître parmi des rangs de salades de jeunes pousses type mesclun, et en pot.

- **Variétés** On cultive surtout l'espèce type, mais la variété 'Morocco' est intéressante pour ses graines à la saveur piquante. Dans des climats chauds où les plantes résistantes annuelles peinent à pousser, trois autres plantes non apparentées sont aussi cultivées pour leur feuillage à l'arôme de coriandre. Il y a la coriandre vietnamienne, ou rau zam (*Persicaria odorata* syn. *Polygonum odoratum*), et la coriandre mexicaine *(Eryngium foetidum)*, qui sont toutes deux vivaces et supportent un climat tropical. Le papalo (*Porophyllum ruderale* ssp. *macrocephalum*), annuel, en est une autre ; il supporte la chaleur sèche.
- **Emplacement** Un sol humide, bien drainé et au soleil est idéal.
- **Multiplication** Semez en pots ou en terre au printemps, et tous les mois jusqu'à la fin de l'été pour un approvisionnement continu en feuilles.
- **Entretien** Clairsemez, désherbez et arrosez régulièrement en période de sécheresse pour prévenir une floraison prématurée. Pour obtenir des graines, laissez un plant du printemps fleurir et mûrir pendant l'été.
- **Parasites et maladies** La coriandre est généralement en bonne santé.
- **Récolte et conservation** Récoltez les feuilles de coriandre à tout moment une fois les plants suffisamment grands. Utilisez-la fraîche ou en bottes surgelées (pas besoin de les hacher, car elles s'effritent alors facilement). Récoltez les graines quand la moitié d'entre elles sont devenues marron : attachez les tiges en bottes et suspendez-les tête en bas dans des sacs en papier pour récupérer les graines.

En cuisine

Les feuilles et les tiges très odorantes de la coriandre sont populaires dans le Sud-Est asiatique, au Moyen-Orient, en Amérique du Sud et au Mexique, dans les salades, les salsas, le guacamole, les soupes, les plats de légumes, les currys et les sautés. En Inde, la feuille est utilisée dans les chutneys frais. Une cuisson longue détruit l'arôme des feuilles, aussi ajoutez-les juste avant de servir. Faites griller les graines pour plus de saveur. Entières ou moulues, elles ont un arôme doux et légèrement sucré qui convient aux plats sucrés-salés et aux sauces comme la harissa (voir recette page 84). La fibre des graines moulues absorbe les liquides et aide à épaissir les currys et les ragoûts. La racine, au goût plus intense que celui des feuilles, est utilisée dans la cuisine thaïlandaise, notamment dans les pâtes de curry.

CRESSON DE FONTAINE

Nasturtium officinale Brassicacées

La culture du cresson à grande échelle remonte au XIXe siècle. Aujourd'hui, les lits de cresson produisent jusqu'à dix récoltes par an de variétés plus douces.

Jardinage

Le cresson est une plante vivace résistante qui vit peu longtemps et qui pousse, au naturel, dans les cours d'eau traversant des sols calcaires. Il a des feuilles composées vert foncé, de longues tiges étalées à racines adventives formant de grosses touffes, et des grappes terminales de petites fleurs blanches à 4 pétales qui apparaissent en été. Il est bien plus amer une fois en fleur. Les formes cultivées sont meilleures, car le cresson sauvage peut être porteur de la douve du foie *(Fasciola hepatica)* dans les régions d'élevage du mouton. La capucine *(Tropaeolum majus)*, parfois appelée cresson indien ou nasturtium, est différente et non apparentée au cresson *Nasturtium officinale*, mais tient son nom de ses feuilles au goût poivré. Le cresson peut être cultivé dans des bassins ou dans des pots posés dans l'eau : il n'a pas besoin de pousser au bord d'un cours d'eau.

- **Emplacement** Un sol humide à mouillé, neutre à calcaire, en plein soleil.
- **Multiplication** Semez au début du printemps ou plantez des tiges courtes prélevées sur une touffe de cresson.
- **Entretien** Gardez humide.
- **Parasites et maladies** Pas de problème majeur.
- **Récolte et conservation** À récolter frais et avant floraison et à conserver à température ambiante, avec les racines dans l'eau.

Cresson *(Nasturtium officinale)*.

Les autres cressons

D'autres espèces apparentées partagent avec le cresson ce goût poivré piquant, et sont pareillement utilisées en cuisine. Le cresson de terre *(Barbarea verna)* et le cresson d'hiver ou roquette des marais *(B. vulgaris)* sont des variétés résistantes poussant en sol sec, récoltées en hiver pour leurs feuilles. Le cresson vendu en clayette pour être raccourci en salade est issu soit de variétés de colza *(Brassica napus)*, soit de cresson alénois ou passerage *(Lepidium sativum)*, traditionnellement germé dans des petits paniers avec les graines de moutarde, et proposé comme moutarde et cresson.

En cuisine

Le cresson apporte du piquant aux soupes (voir recette page 91), au pesto, aux poissons, aux salades, aux sandwichs et aux jus de légumes. Son goût poivré en fait une salade verte intéressante, notamment avec une vinaigrette aux agrumes.

CUMIN

Cuminum cyminum Apiacées

Ingrédient essentiel de nombreuses cuisines épicées, de l'Extrême-Orient au Mexique, le cumin est utilisé depuis les temps bibliques. Dans la Grèce antique, les personnes méchantes étaient réputées en avoir mangé.

Jardinage

Le cumin est une petite plante annuelle fine demi-résistante de la famille du persil, originaire d'Afrique du Nord et du sud-ouest de l'Asie. Il ne mesure que 15 à 30 cm, avec des feuilles finement divisées, brillantes, et des fleurs blanches à roses sur de petites ombelles composées. À moins de vivre dans une région où les étés sont toujours chauds et secs, la culture du cumin est compliquée. Il peut pousser en pot sous serre, mais il faut beaucoup de plants pour arriver à produire une quantité raisonnable de graines. Quelques plants de cumin pourront réveiller l'intérêt des jardins à thème de par son importance dans la Bible, et dans les cultures d'Asie et du Moyen-Orient.

- **Variétés** Il n'existe aucune variété améliorée de cumin en Europe. Le cumin noir *(Nigella sativa)* diffère par son aspect et ses usages. Il est apparenté à la variété ornementale nigelle de Damas *(N. damascena)*, très populaire, mais il est plus résistant et facile à cultiver pour ses graines noires au goût poivré-fruité complexe. Ses graines sont très utilisées dans la cuisine indienne et moyen-orientale, et en médecine ayurvédique.
- **Emplacement** Le cumin préfère un sol bien drainé, fertile, de préférence sablonneux, et le plein soleil.
- **Multiplication** Semez les graines au printemps par 13 à 18 °C. Dans les régions à climat frais tempéré, mettez les semis sous verre au printemps, et piquez-les quand ils sont suffisamment grands.
- **Entretien** Quand les semis ont endurci, transplantez-les au soleil, en espaçant les plants de 8 à 10 cm, en rangées ou groupés, lorsque la température nocturne est supérieure à 10 °C. Désherbez régulièrement. Les plantes fleurissent en juin-juillet, et les graines sont prêtes 3 à 4 mois après la plantation.
- **Parasites et maladies** Le cumin est sensible aux aphidés, au fusarium, à l'oïdium et à l'alternariose.
- **Récolte et conservation** Coupez les plants dès que les graines sont marron. Faites-les sécher suspendus dans un endroit chaud, dans des sacs ou des feuilles de papier pour récupérer les graines. Celles-ci se conservent dans des pots en verre pendant un an, à l'abri de la lumière.

En cuisine

Le cumin est un ingrédient essentiel dans de nombreux currys, chutneys, sauces, soupes et viandes préparées ou charcuteries, comme les saucisses portugaises. Il est souvent présent dans les plats à base d'agneau au Moyen-Orient, et convient bien aux légumes, comme dans les falafels (petits beignets de fèves et de pois chiches). Certains fromages comme le leyden hollandais et le munster sont aromatisés au cumin. Le zeera pani est une boisson indienne rafraîchissante au cumin et à l'eau de tamarin. Pour un maximum d'arôme, faites griller les graines à la poêle. Ayez la main légère avec le cumin, car il prend facilement le dessus sur les autres saveurs. Moins de 1 c. à c. suffit dans un plat pour 4 personnes.

Cumin en poudre.

CURCUMA

Curcuma longa Zingibéracées

Le jaune éclatant du curcuma apporte une touche dorée aux currys et est notamment utilisé pour teindre les robes des moines bouddhistes.

Jardinage

Le curcuma appartient à la famille du gingembre. C'est une plante herbacée vivace, qui forme une touffe de 1 m de haut, au grand feuillage elliptique et pointé ; elle s'étend par des rhizomes rouge-brun à la chair jaune intense. De petites fleurs jaunes sont disposées en épis coniques. Les espèces apparentées comprennent le curcuma sauvage *(Curcuma aromatica)*, aux nombreux usages médicinaux, et le zédoaire *(C. zedoaria)*, aux feuilles sentant le citrus et aux rhizomes très odorants et aromatiques, qui sont utilisés en médecine et en cuisine.

- **Emplacement** Le curcuma apprécie un sol riche et humide, et une température minimale de 10 °C en hiver.
- **Multiplication** Divisez des sections de rhizomes au printemps.
- **Entretien** Supprimez le feuillage mort en hiver. Gardez la plante plutôt au sec en période de dormance.
- **Parasites et maladies** Par temps froid et humide, les rhizomes pourrissent.
- **Récolte et conservation** Levez les rhizomes quand les plantes sont dormantes. Étuvez-les ou faites-les bouillir avant de les sécher et de les moudre.

En cuisine

Achetez des rhizomes rondelets, fermes et propres, qui dégagent un arôme chaud et léger, et une saveur musquée de terre. Utilisé frais et émincé ou séché et moulu, le curcuma apporte une belle couleur jaune à vos mets. Il est présent dans les pâtes et poudres de curry, les condiments (par exemple le piccalilli), les chutneys, et accommode les légumes, le riz et les lentilles, les volailles, le poisson et les crustacés. Le curcuma est aussi inclus dans le chermoula, mélange d'épices marocain (voir page 96).

Rhizomes de curcuma *(Curcuma longa)*.

ESTRAGON

Artemisia dracunculus Astéracées

La saveur piquante et délicieuse de l'estragon, qui sied particulièrement bien au concombre, est un incontournable de la cuisine française traditionnelle.

Jardinage

L'**estragon français** (Artemisia dracunculus), auquel on ajoute parfois le nom de sativa, est une forme à part, à la saveur exceptionnelle, cultivée depuis le Moyen Âge. Bien qu'il ait des petites inflorescences verdâtres globuleuses, il est essentiellement stérile, avec de fines feuilles linéaires au parfum d'anis et de basilic. Il mesure de 60 à 90 cm. C'est une plante herbacée vivace, robuste et résistante à la sécheresse.

- **Variétés**

L'estragon russe *(A. dracunculoides)* fleurit régulièrement. Ses graines sont viables, mais il a moins de saveur et sa senteur balsamique a des notes terreuses.

L'estragon du Mexique ou **tagète luisante** *(Tagetes lucida)* est apparenté à l'estragon français par sa saveur. Cette plante vivace à feuilles persistantes de 80 cm, mi-résistante, a des feuilles finement dentelées vert intense et des capitules de petites fleurs jaune vif. Il a besoin de beaucoup d'humidité, contrairement à l'estragon français.

- **Emplacement** Un sol légèrement acide, bien drainé à sec, rocailleux, en plein soleil (pour l'estragon français) est idéal.
- **Multiplication** Prélevez des boutures terminales au printemps. Les plants peuvent aussi être divisés, mais vous risquez de propager les parasites et les maladies au niveau des racines.
- **Entretien** Taillez les tiges mortes quand les plantes sont dormantes. Dans les régions froides et humides, protégez les rhizomes en surface pendant l'hiver.
- **Parasites et maladies** Il est sujet aux nématodes et aux maladies fongiques comme la rouille.
- **Récolte et conservation** Récoltez les feuilles pour les utiliser fraîches jusqu'à mi-automne. Choisissez les plus belles jeunes pousses au début du printemps, que vous pourrez sécher ou surgeler.

En cuisine

L'estragon français diffuse très vite son arôme dans les plats cuits, aussi faut-il l'utiliser avec prudence. Utilisez-le frais avec les poissons ou les crustacés, dans les œufs, dans les viandes blanches. Ciselez les feuilles et ajoutez-les dans les vinaigrettes, les mélanges de fines herbes (voir page 22) et la moutarde, dans la sauce ravigote et la béchamel, dans la sauce verte et la mayonnaise. La moutarde à l'estragon est très aimée en France. En Géorgie, on fabrique un soda au citron et à l'estragon appelé tarhun.

Estragon *(Artemisia dracunculus)*.

FENOUIL

Foeniculum vulgare Apiacées

Tout jardin aromatique devrait inclure cette belle plante aussi utile en cuisine qu'en médecine. En 812, Charlemagne demanda que le fenouil fût planté dans les fermes et les jardins des monastères à travers l'ensemble de l'empire.

Jardinage

Le fenouil est principalement une plante vivace résistante, qui peut mesurer 1,50 m ou plus, avec une ou plusieurs tiges creuses depuis la base qui portent un feuillage aromatique brillant fin comme des fils. De petites graines très aromatiques succèdent aux petites fleurs jaunes en ombelles.

- **Variétés** Deux sortes de fenouils sont principalement cultivées : la plante vivace plumeuse, pour ses feuilles et ses graines aromatiques, et le fenouil de Florence (var. *azoricum* syn. var. *dulce*), moins résistant et habituellement cultivé comme plante annuelle pour son bulbe. Le fenouil bronze (*Foeniculum vulgare* 'Purpureum') et le 'Giant Bronze', plus grand, sont deux plantes remarquables, à l'allure architecturale, qui peuvent créer un contraste intéressant ou attirer le regard sur une bordure. Deux des meilleures variétés du fenouil de Florence sont 'Romanesco', une variété automnale qui résiste bien à la floraison prématurée, et 'Rudy', un hybride F1 (c'est-à-dire la première génération d'un croisement entre deux variétés distinctes ou races de lignées pures) qui produit des bulbes de grande qualité au printemps et en été.
- **Emplacement** Il préfère un sol léger, bien drainé, un peu calcaire, et une exposition ensoleillée. Mais il s'adapte bien et supporte le froid.
- **Multiplication** On sème les graines de fenouil au printemps, par 13 à 18 °C. Pour le fenouil de Florence, suivez les instructions sur les paquets selon les variétés.
- **Entretien** Coupez et enlevez les vieilles tiges des plantes vivaces en hiver, quand les plants sont en dormance.
- **Parasites et maladies** Sans problème majeur.
- **Récolte et conservation** Cueillez le feuillage et les fleurs selon vos besoins. Récoltez les graines quand elles commencent à pâlir. Mettez les têtes dans des sacs en papier dans un lieu chaud, jusqu'à ce que les graines tombent. Conservez-les dans des pots hermétiques.

La base bulbeuse du fenouil de Florence peut être tranchée puis rôtie ou ajoutée crue aux salades.

En cuisine

Émincez finement le bulbe et ajoutez-le à vos salades ou sautés de légumes. Coupez-le en deux et rôtissez-le pour mieux révéler sa douceur sucrée. Ciselez les feuilles dans des salades, des vinaigrettes et des vinaigres, avec du poisson, du porc et des fruits de mer, ou en garniture. On utilise les graines séchées dans les gâteaux et les pains, les saucisses italiennes, les salades, les condiments et les pâtes, ainsi qu'en tisane après les avoir légèrement écrasées.

FENUGREC

Trigonella foenum-graecum Fabacées

Cultivé depuis 4000 avant J.-C., en Irak, le fenugrec est aujourd'hui considéré comme une plante de fourrage, une salade et une épice sur tout le pourtour méditerranéen, au Moyen-Orient et dans l'ouest de l'Asie.

Jardinage

Le fenugrec est une plante annuelle, à feuilles composées de trois folioles gris-vert. Aux fleurs parfumées blanc crème à la base tachetée de violet succèdent de longues gousses étroites contenant jusqu'à 20 graines rectangulaires très dures marron-jaune. Bien que peu décoratif, le fenugrec est une plante intéressante à cultiver en jachère florale, au milieu d'autres plantes annuelles comme les coquelicots *(Papaver rhoeas)* et les soucis *(Calendula officinalis)*, ou au potager. Ses feuilles sont bonnes fraîches en salade ou séchées comme aromate. Les graines peuvent aussi être consommées germées.

Fenugrec *(Trigonella foenum-graecum)*.

- **Emplacement** Un sol bien drainé, neutre à légèrement acide, en plein soleil.
- **Multiplication** Semez les graines au jardin par 6 mm de profondeur dans la deuxième moitié du printemps. Pour assurer leur germination, gardez la température entre 20 et 25 °C.
- **Entretien** Pensez à effeuiller les pousses et à désherber autour. Les feuilles pourront finir en salade.
- **Parasites et maladies** Le fenugrec peut être abîmé par le gel, et supporte mal un froid humide.
- **Récolte** Cueillez les feuilles et les nouvelles pousses en été pour les utiliser fraîches en salade ou séchées. Coupez les graines germées quand les premières feuilles apparaissent. Récoltez les gousses quand elles passent du vert au marron ; faites-les sécher et écrasez-les pour en retirer les graines.

En cuisine

Le fenugrec moulu à partir de graines légèrement grillées est une épice essentielle de la cuisine au curry, en particulier des currys de viandes ou de poissons. Il est contenu dans le panch phoron, le mélange cinq-épices indien. Les feuilles fraîches sont cuisinées comme herbes aromatiques dans les currys de légumes, le dahl et les chutneys. Les feuilles séchées, dites methi, sont un aromate utilisé avec les légumes-racines. Les graines germées sont délicieuses dans les salades ou les sandwichs.

Les graines de fenugrec ressemblent à de minuscules pierres. On les grille avant utilisation.

GENÉVRIER

Juniperus communis Cupressacées

Le genévrier est surtout connu pour aromatiser le gin. Le mot « gin » est une forme abrégée du genièvre hollandais *(jenever)*, dérivé du latin *juniperus*, lui-même venant du mot celtique *juneprus* (« âcre »), à cause de la saveur du fruit.

Jardinage

Le genévrier est un petit conifère très résistant à feuilles persistantes, qui dépasse rarement 6 m. Il est largement diffusé dans l'hémisphère Nord. Son écorce papyracée est marron-rouge, et il a des verticilles de 3 feuilles linéaires pointues gris-vert portant une rayure blanche unique sur la surface interne. De petits cônes mâles ovales et femelles ronds se forment sur des plants distincts : les plantes femelles portent des fruits sphériques verts. Ces baies deviennent noires à maturité, après 2 ou 3 ans, avec une fine poussière grisâtre. Les genévriers sont robustes et s'adaptent à tous les climats, avec différentes couleurs et formes. Les plants femelles de genévrier sont disponibles chez les pépiniéristes spécialisés.

- **Variétés** La variété 'Depressa' couvre bien le sol, car elle a un port prostré, pleureur, aux extrémités retombantes. La variété 'Compressa' est petite, en colonne, et pousse lentement. Elle convient aux anfractuosités des rocailles ou aux bacs pour son intérêt en hiver. Le genévrier 'Hibernica' est plus grand et plus vigoureux, atteignant 3 à 5 m.
- **Emplacement** Il pousse bien dans tous les sols. Il supporte le soleil et les froids rigoureux.
- **Multiplication** Le procédé le plus rapide est le prélèvement de boutures de bois aoûté au début de l'automne. Les graines peuvent mettre 5 ans à germer.
- **Entretien** Si les branches des buissons en colonne ploient sous le poids de la neige, attachez-les de façon invisible avec du coton noir.
- **Parasites et maladies** Il craint le charançon des cônes, les insectes à écailles et les aphidés.
- **Récolte** Il faut secouer les branches pour récolter les baies sur un grand drap. Faites-les bien sécher avant de les mettre dans un pot hermétique.

En cuisine

Les baies de genièvre ont une saveur résineuse qui s'accorde bien avec le lapin ou le lièvre, et aromatisent les pâtés de sanglier ou de chevreuil. En Allemagne, elles parfument le jambon et la choucroute, et entrent dans la composition du Latwerge, un condiment qui accompagne les viandes froides. Quelques baies dans l'eau de cuisson du chou permettent d'atténuer les odeurs désagréables. Les extraits de genièvre servent aussi en parfumerie et pour aromatiser le gin, la bière, des liqueurs et des produits à base de viande.

Baies de genièvre séchées et arbuste en pot.

GINGEMBRE

Zingiber officinale Zingibéracées

Le gingembre était fortement recommandé par le grand philosophe chinois Confucius, qui en assaisonnait tous ses plats. La racine a notamment de nombreux usages culinaires, qu'il soit frais, mariné ou confit.

Jardinage

Originaire de l'Asie tropicale, le gingembre est une plante vivace à rhizome tendre qui mesure environ 90 cm, aux nombreuses tiges fibreuses gainées dans des feuilles lancéolées bisériées. Les rhizomes charnus fraîchement cueillis sont de couleur jaune pâle. Les fleurs jaunes à lèvres violettes et bractées vertes sont regroupées en pointes coniques rougeâtres. Le feuillage est beau, et ce sont de bonnes plantes à mettre en pots, sous serre ou ailleurs.

- **Variétés** Le gingembre japonais *(Zingiber mioga)* a un feuillage similaire et, même cultivé en pot, de grandes fleurs blanc crème rappelant celles des orchidées qui surgissent de la terre au printemps. Il est très résistant. La variété panachée 'Dancing Crane' est moins robuste, mais elle pousse bien en pot.
- **Emplacement** Le gingembre préfère un sol riche, humide et bien drainé.
- **Multiplication** Faites pousser des segments de rhizome à 1 ou 2 boutons, ou le rhizome entier pour obtenir de plus grands plants. Placez les rhizomes juste sous la surface de la terre, dans des pots contenant un terreau fibreux et par 25 à 30 °C.
- **Entretien** Baissez la température une fois la pousse bien partie, mais conservez un minimum de 20 °C. Le sol doit être humide, et nourri une fois par mois. Cessez d'arroser si les feuilles commencent à dépérir, et gardez-le au sec en période de dormance.
- **Parasites et maladies** Le rhizome tend à pourrir si le climat est frais et humide.
- **Récolte et conservation** Utilisé frais, le rhizome est prélevé en fin d'été ou au début de l'automne. Les rhizomes dormants sont meilleurs séchés et moulus.

En cuisine

Le gingembre jeune est tendre et doux, avec un goût épicé, acidulé, de moyen à fort. Les vieux rhizomes sont plus forts et plus épicés. Le gingembre frais est un ingrédient culinaire essentiel en Asie, en Afrique et dans les Caraïbes, notamment dans les currys, les ragoûts, les soupes, les salades, les condiments, les chutneys, les marinades et dans les plats de viande, de poisson et de légumes. Le gingembre cristallisé et confit est utilisé en confiserie, en pâtisserie, dans les confitures et dans les marmelades. Le vin de gingembre est apprécié seul ou avec du whisky. Le gingembre séché est un condiment utilisé en pâtisserie et dans les mélanges d'épices. Le gingembre japonais mariné au vinaigre, appelé gari, accompagne les sushis. Les nouvelles pousses et les boutons sont aussi consommés au Japon.

1 Racine entière de gingembre.
2 Gingembre mariné au vinaigre.
3 Gingembre séché moulu. 4 Gingembre séché tranché. 5 Gingembre cristallisé.
6 Gingembre confit.

GIROFLIER

Syzygium aromaticum syn. *Eugenia caryophyllata* Myrtacées

Les boutons des fleurs séchées du giroflier, appelés clous, sont riches en eugénol, une huile volatile qui leur donne cet arôme si particulier.

Jardinage

Le giroflier est un petit arbre buissonneux, qui fait 3 à 5 m de haut, aux feuilles persistantes brillantes de 8 à 13 cm de long. Ses boutons floraux rose pâle de 2 cm perdent leurs pétales en s'ouvrant. Il est difficile à cultiver hors des zones tropicales car il a besoin d'une température de 22 °C environ et de beaucoup d'humidité toute l'année.

- **Variétés** Outre le giroflier, plusieurs variétés apparentées sont appréciées pour leurs fruits comestibles. Il y a notamment le délicieux jamrosat ou pomme rose *(S. jambos)*, venu d'Asie tropicale, et *Syzygium paniculatum*, utilisé sous forme de haies en Californie. Certaines de ces variétés sont cultivées et font de belles plantes en pots sous serre.
- **Emplacement** Le giroflier apprécie un sol bien drainé, en plein soleil. Pensez au terreau de plantation pour vos plantes en pots.
- **Multiplication** Semez le plus tôt possible, après mûrissement des fruits, et conservez une température minimale de 25 °C. Prélevez des boutures en été et plantez-les sous miniserre ; elles ont besoin de chaleur et d'humidité.
- **Entretien** Arrosez régulièrement et nourrissez tous les mois pendant la saison de croissance. Mettez en pots ou en terre au printemps.
- **Parasites et maladies** Les plantes en pots peuvent être attaquées par les insectes à écailles ou les cochenilles. Cherchez des traces suspectes comme la fumagine sur les feuillages.
- **Récolte et conservation** Récoltés à des fins commerciales, les clous sont mis à sécher au soleil chaque jour, dès que les boutons fermés ont atteint la bonne taille. Les clous séchés se conservent bien dans des pots en verre. Une fois moulus, ils se détériorent vite.

En cuisine

Les clous de girofle sont l'un des ingrédients du mélange quatre-épices, souvent utilisé dans la préparation des gâteaux et des confitures, ainsi que des chutneys. On en met aussi dans le bouillon avant de faire cuire un jambon, ou on en pique le jambon avant de le faire rôtir. Enfin, les clous de girofle relèvent à merveille la compote de pommes et sont indispensables dans la sauce qui accompagne la dinde de Noël. Pensez à les retirer avant de servir.

Clous de girofle séchés (boutons floraux).

HOUBLON

Humulus lupulus Cannabidacées

Le houblon a progressivement remplacé toutes les autres plantes, comme le lierre terrestre *(Glechoma hederacea)*, utilisées dans le brassage de la bière. C'est l'une des herbes les plus cultivées au monde.

Jardinage

Le houblon est une plante vivace grimpante et résistante à feuilles caduques, qui atteint 10 m à chaque saison. Les tiges-lianes sont hérissées, et les feuilles en forme de cœur évoluent pour ressembler à la vigne à maturité. Seuls les plants femelles produisent des strobiles, de petites inflorescences coniques. Ces plants sont ornementaux et souvent cultivés pour grimper le long d'arches, de pergolas ou de colonnes.

- **Variétés** La variété 'Aureus' est une forme ornementale populaire aux feuilles jaune vif. L'espèce *Humulus japonicus* présente des formes dorées et panachées. Elle est gélive et moins vigoureuse.
- **Emplacement** Le houblon, peu exigeant, s'adapte facilement. Il préfère néanmoins un emplacement ouvert, ensoleillé, et un sol humide, riche en humus. Attention aux tiges hérissées, qui peuvent s'accrocher au passant.
- **Multiplication** Comme seuls les plants femelles sont nécessaires, on procède généralement par division des racines au printemps ou par boutures. Vous pouvez aussi les cultiver à partir de graines.
- **Entretien** Les plants fanent en hiver. Si les conditions sont bonnes, ils sont envahissants et les massifs peuvent avoir besoin d'être coupés en hiver, quand ils sont dormants. Prenez soin d'enlever tous les éléments morts avant l'apparition de nouvelles pousses au printemps. Prévoyez un support solide pour les nouvelles pousses, car les plantes matures sont très lourdes.
- **Parasites et maladies** Ils peuvent être attaqués par l'oïdium sur les feuilles et le verticillium.
- **Récolte et conservation** Les jeunes pousses sont récoltées au printemps pour un usage culinaire. Les strobiles le sont en fin d'été, avant d'être séchés. Le pollen et les feuilles sont allergènes.

En cuisine

Les jeunes pousses peuvent être mangées comme des asperges, crues en salade ou légèrement cuites à la vapeur. Le houblon séché est un élément essentiel au brassage de la bière. On peut également en ajouter aux tisanes calmantes, mais en toute petite quantité en raison de son amertume.

Bière de houblon

Brassée dans l'Égypte antique, la bière de houblon est mentionnée par Pline (écrivain et naturaliste romain du Ier siècle), qui se délectait par ailleurs des jeunes pousses printanières préparées comme des asperges. Le houblon devint très utilisé en Europe mais, en Angleterre, d'autres herbes lui furent préférées jusqu'au XVIe siècle. Il avait en effet la réputation de favoriser la mélancolie, et, aujourd'hui encore, certains herboristes déconseillent le houblon aux personnes ayant des tendances dépressives.

LAURIER

Laurus nobilis Lauracées

Le laurier est un grand arbuste ou un arbre à feuilles persistantes, d'allure pyramidale, qui vit longtemps et pousse lentement. Ses feuilles sont d'un vert brillant et d'une texture craquante.

Jardinage

Si le laurier peut culminer à 15 m, sa croissance lente, dense et droite en fait une plante idéale à cultiver dans un grand pot ou en bac. À cet égard, un petit jardin lui convient également. Les lauriers fleurissent quand ils sont jeunes et produisent des petites fleurs parfumées blanc crème. Dans les climats chauds, les fleurs laissent la place à des baies d'un noir bleuté.

- **Variétés** Il existe deux espèces de lauriers, le laurier-sauce, *Laurus nobilis*, et celui des Açores et des îles Canaries, *L. azorica*. Moins résistant, ce dernier a des feuilles plus larges, duvetées dessous. Le laurier-sauce présente deux variétés intéressantes : 'Aurea', aux feuilles jaune doré, et 'Angustifolia', aux feuilles étroites et allongées comme celles du saule.
- **Emplacement** Les lauriers se plaisent dans un sol bien drainé, en plein soleil, et à l'abri pour les régions à hivers froids. Les lauriers dorés sont très sensibles au gel et au froid, mais aussi au vent asséchant, qui fait brunir les feuilles. Supportant d'être sévèrement taillés et aussi de se trouver un peu à l'étroit, ils font d'excellentes plantes en pots.
- **Multiplication** Les graines mettent jusqu'à 6 mois à germer. Les boutures sont longues à prendre racine. Mettre la bouture semi-aoûtée 1 mois dans l'eau (en la changeant souvent) accélère l'apparition des racines. Après ce trempage, plongez les boutures dans une poudre d'hormones de bouturage et mettez-les dans du terreau grossier dans un endroit chaud et humide. Vous pouvez aussi vous servir des rejets qui apparaissent à la base de la plante.
- **Entretien** Dans les régions à hivers très froids, le laurier-sauce pousse mieux en pot et doit être mis à l'abri lorsque les températures sont inférieures à – 15 °C. Rempotez les arbustes dans des bacs plus grands et donnez-leur de la terre fraîche selon les besoins. Fertilisez les grands spécimens au printemps, en remplaçant le terreau sur quelques centimètres par un terreau neuf enrichi en éléments fertilisants à effet lent.
- **Parasites et maladies** Le laurier est sujet aux cochenilles. Écrasez 2 gousses d'ail dans une tasse d'eau, filtrez puis ajoutez un peu de savon doux. Appliquez sur les insectes au Coton-Tige. Ou bien appliquez un insecticide du commerce, toujours à l'aide d'un Coton-Tige. Les sujets manquant d'air et de lumière peuvent développer de l'oïdium, qui sera traité au soufre sur les plants encore humectés de rosée.
- **Récolte et conservation** Cueillez les feuilles vertes à tout moment. Faites-les sécher à l'abri du soleil et conservez-les dans un pot en verre hermétique.

En cuisine

Le laurier-sauce est un ingrédient essentiel des cuisines française et méditerranéenne. Ces feuilles résistantes peuvent mijoter longtemps dans des soupes ou des ragoûts. Deux feuilles suffisent dans un plat pour six. Indispensable dans le bouquet garni, il est aussi utilisé dans les condiments et le garam masala. Les feuilles fraîches ont un goût amer ; laissez-les faner quelques jours pour réduire cette amertume. Effeuillées, des branches fraîches serviront de brochettes aromatiques pour la viande ou le poisson au barbecue. Les feuilles séchées gardent leur saveur 1 an. Retirez les feuilles du plat avant de servir.

LAVANDE

Lavandula spp. Lamiacées

La lavande est réputée dans le monde entier pour son large éventail d'usages médicinaux et son parfum délicat. Les fleurs servent aujourd'hui à l'élaboration de plats gastronomiques.

Jardinage

Il existe 22 espèces de lavandes dans le monde, des îles Canaries à l'ouest de l'Inde. Toutes sont des arbrisseaux ligneux au feuillage parfumé linéaire, du vert à l'argenté, et aux pointes à petites fleurs tubulaires dans tous les tons de violet, de rose et de blanc. Elles sont essentielles dans tout jardin aromatique. Elles supportent la sécheresse et font d'excellentes plantes en pots ou en bordures basses non taillées. Plusieurs espèces et variétés poussent à travers le monde, en fonction des climats, qu'il s'agisse de plantes décoratives appréciées pour leur parfum et leurs couleurs ou de cultures à but commercial pour l'huile essentielle et les fleurs séchées. La botanique divise les lavandes en 3 sous-groupes et en 8 sections, mais les jardiniers ne reconnaissent que 4 genres principaux : la lavande vraie *(Lavandula angustifolia)*, le lavandin et les autres hybrides apparentés *(L. x intermedia)*, la lavande papillon (*L. stoechas*, *L. pedunculata* et *L. viridis*) et les lavandes délicates.

La lavande vraie La lavande vraie (*L. angustifolia* syn. *L. vera*, *L. officinalis*) pousse principalement dans les régions montagneuses du sud de la France (Alpes provençales) et dans les massifs italiens voisins, entre 500 et 1 500 m d'altitude. Haute de 40 à 80 cm, elle a des tiges florifères non ramifiées, avec des feuilles linéaires gris-vert et des fleurs violet-bleu.
Les fleurs fraîches ou séchées de lavande vraie servent en cuisine et pour confectionner divers produits artisanaux. Son huile essentielle, sans camphre, est très prisée en parfumerie, en phytothérapie et en aromathérapie. Depuis le XVIIe siècle, la lavande est cultivée dans le sud de la France pour les parfumeurs. Des huiles essentielles très fines sont aussi produites à Norfolk, en Angleterre.
La principale variété cultivée en France est 'Maillette', à fleurs très parfumées. C'est une plante de 60 à 70 cm de haut, à port étalé.

- **Variétés** Il existe d'excellentes variétés naines comme 'Lavenite Petite', très compacte et gris-vert avec de courtes pointes florifères trapues violet-bleu, haute de 50 cm, et 'Nana Alba',

En Europe, la lavande est récoltée de juillet à septembre, souvent à la main.

à fleurs blanches et feuilles gris-vert, mesurant 35 à 50 cm. Les variétés moyennes comprennent 'Hidcote', à feuilles grises et aux longues et denses pointes de fleurs violettes très parfumées, mesurant 50 à 65 cm, 'Munstead', aux feuilles gris-vert et aux fleurs violet-bleu, mesurant 65 cm, et 'Sophia', une petite masse dense de feuilles gris-vert et de fleurs bleues, de 1 m. Les plus grandes variétés regroupent notamment 'Rosea', 'Jean Davis', aux feuilles vert vif et aux fleurs roses douces, mesurant 75 cm, 'Grosso', au feuillage vert cendré et aux fleurs bleu-mauve doucement parfumées, mesurant 90 cm, et 'Twickel Purple', à longues tiges, hautes de 75 cm à 1 m, et aux longues pointes de fleurs violettes parfumées.

Multipliez les variétés à partir de boutures réalisées en été.

Le lavandin Le lavandin ou lavande hybride intermédia *(L. x intermedia)* est un croisement entre la lavande vraie *(L. angustifolia)* et la lavande aspic *(L. latifolia)* qui pousse naturellement sur les versants de colline où l'on trouve ces deux espèces. Pourvu d'une hampe florale ramifiée, avec un épi principal et deux épis secondaires, le lavandin est cultivé à grande échelle dans le monde pour son huile essentielle, utilisée dans maints produits de toilette, détergents ménagers, lessives et autres assouplissants.

Le lavandin pousse mieux que la lavande vraie, et, s'il n'est pas aussi résistant, il supporte mieux l'humidité et produit deux fois plus d'huile essentielle (en volume). Mais, parce que son huile est camphrée, il a deux fois moins de valeur que la lavande vraie.

La lavande aspic forme un buisson en dôme plus grand que la lavande vraie, jusqu'à 1 m. Elle a des tiges florifères branchues, et des feuilles gris-vert plus larges. Moins résistante, elle est plutôt présente à des altitudes moins élevées, en Espagne ou encore dans le sud-ouest de la France, le nord-ouest de l'Italie et les Balkans. La lavande aspic est rarement cultivée, mais elle produit une huile camphrée très odorante, *(Oleum spicae)* aux propriétés insecticides, très utilisée dans les produits vétérinaires.

- **Variétés** 'Grosso' est une variété très utilisée, car ses rendements en huile essentielle, très camphrée, sont importants. Elle forme un gros buisson évasé, mesurant jusqu'à 1,60 m, dont les longues tiges peuvent être coupées et séchées. 'Super' est une autre variété française, à l'huile moins camphrée, utilisée dans les savons. Il existe aussi de nombreuses variétés pour les jardins paysagés et les bordures parmi les formes intermédia. Quelques-unes des meilleures variétés de jardin sont 'Alba' (vigoureuse, droite, jusqu'à 1,10 m, à feuilles gris-vert et fleurs blanches du milieu de l'été à l'automne), 'Hidcote Giant' (dôme compact de feuilles gris-vert, de 1,85 m, à longues pointes émoussées de fleurs violettes), et 'Walvera' syn. 'Walberton's Silver Edge' (plus petite, à feuilles bordées de blanc et fleurs bleu-violet).

La lavande papillon Aussi appelées lavandes stoechas, les lavandes papillons ont des pointes florifères comprimées qui rappellent un peu un ananas surmonté de bractées stériles ressemblant à des drapeaux. Elles comprennent *L. stoechas*, connue sous le nom de lavande à toupets, qui pousse sur les coteaux arides des collines et les contreforts des montagnes côtières le long du bassin méditerranéen. La lavande à toupets a de petites tiges florifères et des bractées stériles assez courtes. Les lavandes qui poussent dans le nord-est du Portugal et le nord, le sud et le centre de l'Espagne (*L. pedunculata* syn. *L. stoechas* ssp. *pedunculata*) ont de longues tiges florifères à bractées stériles également plus longues.

La lavande verte *(L. viridis)*, peu courante, a des feuilles vert vif collantes et très aromatiques, de minuscules fleurs blanches et des bractées stériles blanc-vert. La plus résistante des trois est *L. stoechas*, qui supporte jusqu'à – 5 °C en fonction du sol et de son aspect. Elles sont toutes adaptées aux jardins de basse altitude, et se plaisent dans des sols très perméables, en particulier près de la mer. Elles font d'excellentes plantes en pots résistantes à la sécheresse et des bordures sèches ensoleillées près d'un mur.

- **Variétés** Parmi les belles variétés, on retiendra 'Kew Red', plutôt délicate (masses compactes, mesurant 45 cm, à fleurs rouge-violet et aux bractées rose-rouge vif), 'Sainte Brelade' (plus résistante, de 45 cm, aux pointes pleines et aux bractées violettes), et 'Snowman' (petite, nette, assez résistante, aux fleurs blanches et aux bractées blanches veinées de vert). Les variétés classiques de *L. pedunculata* comprennent 'James Compton' et 'Papillon', assez similaires, avec de longues oreilles violettes. Parmi les meilleures lavandes papillons, on trouve des hybrides de 3 espèces, produits récemment. Ces hybrides ont tendance à être plus compacts, très fleuris, et dans des conditions optimales, ils résistent au gel jusqu'à – 5 °C. Ils comprennent 'Fat Head' (nombreuses pointes épaisses, et bractées mauve-rose), 'Fathsade' (vigoureuse, en buisson de 70 cm de haut, aux bractées violet foncé), et 'Willow Vale' (mesurant 50 cm, droite, aux fleurs presque noires et aux bractées violet pâle).

Lavande laineuse (*Lavandula latana*).

Ces clayettes de lavandes seront séchées à l'ombre dans un lieu sec afin d'en préserver autant que possible la couleur naturelle et le parfum.

Les lavandes délicates Certaines très belles lavandes ne supportent ni les hivers froids et humides, ni le gel sévère. Mieux vaut les cultiver en pots ou comme des plantes vivaces de courte durée pour les bordures d'été. La lavande des îles Canaries *(L. canariensis)* a des feuilles denses, velues et divisées, des tiges florifères branchues à grappes de pointes étroites et sombres de fleurs pâles bleu-violet.

La lavande anglaise *(L. dentata)* pousse dans la péninsule Ibérique, en Afrique du Nord et dans le sud-ouest de l'Asie. Elle a des feuilles linéaires aux bords nettement découpés, des pointes florifères sans branches à bractées visibles en bas de chaque fleur. La lavande laineuse *(L. lanata)*, qui pousse dans le sud de l'Espagne, a de larges feuilles laineuses et des pointes à 3 broches de fleurs violet foncé. La lavande multifida *(L. multifida)* est une espèce de l'ouest de la Méditerranée, aux longues feuilles retombantes et divisées et aux très longues tiges florifères, souvent branchues. Elle pousse vite et bien à partir des graines et peut être cultivée comme une plante annuelle.

La lavande pinnata ou lavande de Madère *(L. pinnata)*, originaire de Lanzarote et de Madère, a un feuillage gris argenté, des feuilles profondément divisées et des pointes florifères violet-bleu souvent multitêtes.

Les hybrides nés de croisements entre ces espèces sont souvent mieux cultivés dans des lieux très abrités ou avec une protection l'hiver. L'un des meilleurs est sans doute *L.* x *christiana*, un croisement entre *L. pinnata* et *L. canariensis*, très vigoureux et poussant vite à partir de boutures pour atteindre 1 m de haut. Ses feuilles grises sont finement découpées et ses pointes florifères à branches tiennent presque toute l'année. Il y a également *L.* x *heterophylla* (ou *L.* x *allardii*), un croisement plutôt robuste de *L. dentata* et de lavande aspic, qui forme un arbuste de 1,20 m, aux feuilles gris-vert légèrement dentelées et aux pointes florifères aiguës bleu-violet. Enfin, *L.* x *ginginsii* 'Goodwin Creek' est un croisement réussi entre *L. dentata* et *L. lanata*, à feuilles légèrement dentelées gris-vert et longues pointes florifères aiguës, souvent courbées.

L. x *chaytorae* est un croisement assez robuste entre la lavande fine et la lavande laineuse, avec de jolies variétés disponibles comme 'John Head', 'Sawyers', 'Richard Gray' ou 'Silver Frost'. Toutes sont très florifères, dans les tons bleus ou mauves, plutôt foncés.

- **Emplacement** Toutes les lavandes ont besoin d'un sol très bien drainé et de plein soleil. La plupart préfèrent un sol calcaire, sablonneux ou rocailleux, mais *L. stoechas* tolère des conditions sèches, légèrement acides. Elles poussent mieux si on les arrose et fertilise peu. Les lavandes en pots profiteront d'un engrais lent lors de l'installation et d'une couche annuelle de compost frais déposée sur la terre.
- **Mutiplication** Les variétés se reproduisent par boutures demi-aoûtées en été, mais les espèces sont semées au printemps. Mieux vaut les changer tous les 3 à 5 ans, car les plants tendent à vieillir de façon diffuse et désordonnée.
- **Entretien** Taillez les lavandes au début du printemps. La lavande vraie et les hybrides de lavandin peuvent aussi être taillés lors de la récolte. Coupez les pousses de moitié, mais jamais dans le vieux bois : la plante en mourrait. Taillez régulièrement les têtes de fleurs mortes.
- **Parasites et maladies** Les lavandes sont généralement dépourvues de parasites et de maladies.
- **Récolte et conservation** Cueillez les lavandes au milieu de l'été, quand les pointes sont ouvertes d'un à deux tiers. Attachez les tiges en bouquet et suspendez-les tête en bas pour les faire sécher avant d'enlever les fleurs. L'huile est distillée à la vapeur, ce qui demande un équipement spécial.

En cuisine

La lavande a peu d'applications en cuisine, même si ses fleurs et ses feuilles sont comestibles – elles sont notamment utilisées dans le mélange marocain appelé ras el-hanout. La lavande s'accorde bien avec les plats sucrés contenant de la crème, comme les glaces. Elle peut être ajoutée aux biscuits au beurre, aux glaçages, aux confitures et aux gelées. Cristallisez les fleurs pour décorer vos gâteaux (voir page 124). Mais assurez-vous avant de cuisiner que les fleurs n'ont pas été pulvérisées avec des agents chimiques et vérifiez que la variété choisie n'a pas une saveur trop camphrée.

À travers les siècles

Les druides de l'Antiquité jetaient de la lavande dans les feux de joie au solstice d'été et s'en servaient pour les ensorcellements amoureux. Elle était aussi brûlée lors des accouchements pour purifier l'air, calmer la mère et bénir le bébé. Les Romains parfumaient leurs bains publics de lavande, d'où le nom de la plante : *lavare* en latin signifiant « se laver ». Au Moyen Âge, elle était utilisée en poudre comme condiment et conservateur pour les aliments, jonchait les sols de terre, et était cultivée dans les jardins des monastères, où on l'appréciait pour ses multiples usages culinaires, médicinaux et hygiéniques.

LIN CULTIVÉ

Linum usitatissimum Linacées

Le lin à fleurs bleues est l'une des plus anciennes plantes cultivées au monde, depuis plus de 6 000 ans. Toutes ses parties sont utiles. L'huile de lin est riche en acide linolénique (oméga-3).

Jardinage

Linum usitatissimum a été développé sous deux formes distinctes : les plus hautes, connues sous l'appellation générique « lin à tiges fibreuses » (pour la fibre textile), et les plus courtes, dites « lin à huile » (pour les graines), plus florifères. Les plus grandes sont des plantes annuelles, droites et fines, avec des feuilles étroites, mesurant environ 60 cm. Chaque pied porte plusieurs tiges à fleur unique bleu clair tournée vers le ciel. Des capsules rondes de 1 cm de diamètre contenant des graines brillantes ovales et plates succèdent aux fleurs. La graine est moulue et l'huile de lin en est extraite. L'huile extraite à froid, de meilleure qualité, est prescrite comme complément nutritionnel. L'huile de moindre qualité, à usage industriel, est utilisée dans divers produits, par exemple des encres d'imprimerie, de la peinture, du vernis, ou encore du linoléum. Le résidu des graines sert à nourrir le bétail. Le linola est un nouveau cultivar destiné à la production d'une huile végétale de cuisson semblable à l'huile de tournesol ou de maïs. Comme plante de jardin, le lin est parfait en bordure, ou encore pour combler des vides dans vos parterres.

- **Variétés** Les graines de *L. usitatissimum* sont vendues comme plantes d'ornement pour des bordures sèches au soleil. Bien qu'il existe plusieurs variétés produites, elles sont uniquement disponibles en gros pour un usage agricole.
- **Emplacement** Le lin a besoin de soleil ainsi que d'un sol sablonneux bien drainé à sec.
- **Multiplication** Semez directement en terre au printemps, dans un sol préparé.
- **Entretien** Désherbez pour qu'il ne soit pas étouffé par les mauvaises herbes.
- **Parasites et maladies** Une rotation tous les 3 ans est conseillée, car le lin est sujet aux maladies fongiques.
- **Récolte et conservation** Coupez dès que les graines commencent à mûrir. Suspendez en bouquets, la tête en bas, au-dessus d'un papier pour récupérer les graines. Conservez les graines entières dans des pots hermétiques, de préférence au réfrigérateur.

En cuisine

Les graines de lin peuvent être ajoutées à la préparation des pains faits maison ou des mueslis, et les germes, aux salades.

Les graines de lin facilitent la digestion.

LIVÈCHE

Levisticum officinale Apiacées

La livèche a un goût intense de céleri qui convient aux plats d'hiver. Cependant, elle est beaucoup plus facile à cultiver que ce dernier. Elle est aussi appelée « herbe à Maggi », car sa saveur rappelle les bouillons du même nom.

Jardinage

Originaire de l'est du pourtour méditerranéen, la livèche est apparentée à l'angélique et au céleri. C'est une plante vivace résistante, mesurant jusqu'à 2 m, à grandes feuilles brillantes qui ressemblent au céleri et aux petites fleurs jaunes en ombelles auxquelles succèdent des graines ovales utilisées en assaisonnement.
La livèche a besoin d'espace et son feuillage est important, aussi vaut-il mieux la planter dans un endroit où elle ne viendra pas empiéter sur les autres végétaux. Pensez à marquer l'emplacement, car la plante fane complètement en hiver.

- **Variétés** Il existe deux plantes apparentées intéressantes à cultiver. Ressemblant à la livèche, le maceron ou grande ache *(Smyrnium olusatrum)* est une espèce côtière assez précoce, qui pousse quand peu d'herbes encore sont à maturité. Ses graines noires peuvent être moulues comme des épices. La livèche d'Écosse *(Ligusticum scoticum)* est une plante plus petite, de 45 à 90 cm, à feuilles brillantes trifoliées et au fort parfum de céleri.
- **Emplacement** La livèche a besoin d'un sol riche, humide et bien drainé, au soleil ou légèrement à l'ombre.
- **Multiplication** La multiplication se fait par semis en août, les graines étant viables jusqu'à 3 ans, ou par division des touffes au printemps.
- **Entretien** La livèche prospère si vous ajoutez généreusement du compost. Coupez les vieilles feuilles qui jaunissent. On peut aussi la tailler jusqu'à 30 cm du sol au milieu de l'été pour favoriser le départ d'un nouveau feuillage.
- **Parasites et maladies** La livèche peut être attaquée par la mineuse des feuilles.
- **Récolte et conservation** Cueillez les feuilles et les tiges selon vos besoins en cuisine. Récoltez les graines quand elles sont mûres. Faites sécher la totalité de la plante, ou surgelez les feuilles dans des sacs en plastique scellés.

En cuisine

Surnommée « céleri bâtard », la livèche est présente dans bien des bouillons, sauces et condiments vendus dans le commerce.
On trouve également des extraits de graine de livèche dans les liqueurs, les sirops, le pain et les pâtisseries.
Son goût peut être écœurant. Blanchissez les tiges en les mettant totalement à l'abri de la lumière au début du printemps, notamment si vous souhaitez les manger crues en salade.
Vous pouvez également les cristalliser pour en faire des confiseries. Utilisez les graines et les feuilles pour apporter une touche savoureuse intense rappelant le céleri.
Les feuilles de livèche frites accompagnent avec originalité les viandes grillées, notamment le porc et le veau.

MARJOLAINE ET ORIGAN

Origanum spp. Lamiacées

Il est impensable de dissocier la saveur chaleureuse et forte de ces deux herbes au feuillage parfumé des cuisines méditerranéennes et égéennes.

Jardinage

Le genre *Origanum* regroupe plus de 30 espèces différentes originaires du pourtour méditerranéen et du Moyen-Orient. Les dénominations marjolaine et origan sont souvent utilisées de manière interchangeable. Dans le commerce, l'origan séché inclut souvent des espèces non apparentées comme l'origan mexicain *(Lippia graveolens)*. Tous les origans sont des herbes aromatiques résistant à la sécheresse, jolies en bordures ou en pots. Choisissez la plante en fonction de sa saveur et de son apparence, et vérifiez sa robustesse : les formes délicates et sensibles à l'humidité poussent mieux en bacs ou en jardinières, qui peuvent être mis à l'abri en hiver.

Variétés

La marjolaine commune (*O. majorana* syn. *Majorana hortensis*) est un sous-arbrisseau à feuilles persistantes délicates, souvent cultivé comme une plante annuelle, à feuilles gris-vert et à têtes de petites fleurs blanches rappelant un pompon. Elle a une saveur délicate, tout comme l'hybride plus résistant O. *x majoricum*, issu d'un croisement avec l'origan *(O. vulgare)*.
La marjolaine crétoise *(O. onites)*, au feuillage gris-vert et aux petites fleurs blanches, a une saveur poivrée appuyée. Elle est résistante au gel et elle pousse bien en pot. Des hybrides et des formes d'origan *(O. vulgare)* sont souvent vendus comme étant de la marjolaine crétoise.

L'origan regroupe 6 sous-espèces, dont la plus commune est *O. vulgare* ssp. *vulgare*, à fleurs roses et bractées bordeaux et à la saveur plus douce. C'est une excellente plante de jardin, existant dans des couleurs variées, comme 'Heiderose', à fleurs roses, ou 'Aureum' et 'Gold Tip', qui sont dorées. Il y a aussi une forme naine, 'Compactum', qui ne dépasse pas 15 cm.
L'origan grec (*O. vulgare* ssp. *hirtum*) est l'une des sous-espèces les plus cultivées, à feuilles velues et pointues, et fleurs blanches et vertes. Ses bractées sont parfois tachetées de violet. Sa forte odeur contient une pointe de créosote.
L'origan syrien (*O. syriacum* syn. *O. maru*) est une des herbes du za'atar. C'est un sous-arbrisseau à tiges rigides et velues, au feuillage gris-vert très parfumé et à fleurs violet-rose, avec des bractées cotonneuses. Il existe un hybride plus résistant au froid, issu d'un croisement avec *O. vulgare*, qui est vendu à tort sous le nom de *O. maru*.
Le dictamne de Crète ou **faux dictamne** *(O. dictamnus)* est une jolie petite plante, souvent cultivée comme une plante alpine pour la protéger de l'humidité hivernale. Son feuillage est dense, cotonneux et tombant, et il est orné de pointes coniques de fleurs

Origan en fleur *(Origanum vulgare)*.

rougeâtres d'où émergent des fleurs roses protubérantes. Les feuilles et les extrémités à fleurs sont séchées pour faire des tisanes ou pour un usage médicinal.

Dans ce pot fraisier, origan panaché et commun voisinent avec plusieurs variétés de marjolaines.

- **Emplacement** Les espèces d'origans poussent dans la nature, au soleil, dans des sols bien drainés et souvent rocailleux. Elles aiment le plein soleil et sont très parfumées si elles sont peu arrosées.
- **Multiplication** Procédez par division ou à partir de graines, au printemps. Pour les hybrides et les variétés ornementales, optez pour des divisions ou des boutures basales.
- **Entretien** N'arrosez pas trop. Coupez les vieilles pousses au printemps.
- **Parasites et maladies** Les origans sont très résistants.
- **Récolte et conservation** Vous pouvez récolter les feuilles fraîches, mais leur parfum se développe mieux si vous les faites sécher en bottes dans un lieu ventilé, sombre, sec et chaud pendant quelques jours. Une fois que les bouquets sont secs et craquants, frottez-les pour récupérer les feuilles et conservez celles-ci dans des pots hermétiques.

En cuisine

L'origan a un goût et un parfum plus prononcés que ceux de la marjolaine. Plus le climat est chaud et sec, plus l'arôme et la saveur sont forts. La marjolaine commune est très utilisée en cuisine, mais son parfum résiste mal à la chaleur. Elle convient donc aux plats crus ou rapidement cuits. Ajoutez-la à la dernière minute. Plus robuste, l'origan supporte une cuisson de plus longue durée.
La marjolaine et l'origan conviennent bien dans les sauces et marinades à base de vin, d'ail et de citron, les plats de viande, de poissons gras, les salades composées, les plats grecs et italiens, les haricots, les aubergines, les poivrons et les plats et sauces à base de tomates. Ils sont aussi présents dans les mélanges d'herbes vendus dans le commerce.

Le za'atar

Za'atar est un terme arabe qui désigne un mélanges d'herbes aromatiques variant suivant la région et la flore locale. Si le mot englobe souvent les origans comme *O. syriacum*, les herbes du za'atar comprennent également l'origan d'Espagne *(Thymbra capitata)*, l'origan en épi *(T. spicata)*, le thym (*Thymus* spp.) et des espèces savoureuses comme la sarriette de Crète *(Satureja thymbra)*. Enfin, le za'atar contient généralement du sumac des corroyeurs *(Rhus coriaria)*, des graines de sésame grillées et du gros sel ; on en saupoudre les légumes, les viandes et parfois le pain avant cuisson.

MÉLISSE OFFICINALE

Melissa officinalis Lamiacées

La mélisse officinale a un doux parfum citronné. Utilisée dans les tisanes, le vin et les liqueurs, elle entre aussi dans la composition de plusieurs eaux de Cologne, comme l'eau des Carmes.

Jardinage

La mélisse citronnée est une plante vivace résistante, qui ressemble à la menthe, à laquelle elle est d'ailleurs apparentée. Elle a plusieurs tiges, mesure jusqu'à 80 cm, et ses feuilles ovoïdes sont dentelées de façon régulière. Disposées en grappes au point d'insertion des feuilles du haut, ses fleurs labiées jaune pâle sont sans grand intérêt, mais appréciées des abeilles. On cultive la mélisse pour son parfum, et il en existe aussi de jolies formes ornementales.

- **Variétés** Si la forme commune de mélisse a un parfum citronné frais, il existe des variétés à senteurs différentes comme la mélisse 'Lime', au parfum de limette. Deux variétés de couleurs sont aussi disponibles : 'Aurea' est une forme tachetée d'or, et 'All Gold' a un feuillage doré pur au printemps. La forme naine 'Compacta', qui mesure 10 à 15 cm, est sans fleurs et peut tapisser le sol.
- **Emplacement** La mélisse préfère le soleil ou une légère ombre, dans un sol bien drainé et humide. Les formes dorées ont tendance à se dessécher en plein soleil. Elle pousse aussi bien en pot qu'en jardinière.
- **Multiplication** La mélisse peut être semée et bouturée ou divisée au printemps ou en automne. Cultivez les variétés à partir de boutures terminales, qui prendront facilement racine.
- **Entretien** Si vous ne voulez pas de pousses ou si vous souhaitez donner un nouvel élan au feuillage, taillez entièrement la plante, y compris les têtes des fleurs. Taillez 'All Gold' régulièrement pour garder la couleur dorée. Coupez toutes les pousses vertes sur 'All Gold' et 'Aurea'.
- **Parasites et maladies** La mélisse est sujette à l'oïdium, en particulier par temps sec.
- **Récolte et conservation** Cueillez les feuilles selon vos besoins. Coupez la plante à 7,5 cm environ du sol quand la rosée s'est évaporée, attachez les tiges en petits bouquets avec des élastiques et suspendez-les tête en bas pour les faire sécher dans un lieu aéré et sans soleil. Prélevez les feuilles séchées et conservez-les dans un pot hermétique, au frais.

En cuisine

Les saveurs citronnées de la mélisse s'accordent avec la plupart des plats. Utilisez ses feuilles dans les tisanes, les salades, les sirops, les desserts fruités, les boissons à base de vin ou glacées d'été, les farces des volailles ou des poissons.

De la nymphe à l'abeille

Depuis l'Antiquité, la mélisse est associée aux abeilles. D'après la mythologie grecque, Mélissa était l'une des nymphes qui cachèrent Zeus pour le protéger de son père, Cronos, et le nourrirent de lait et de miel. Quand Zeus régna enfin sur l'Olympe, il la changea en reine des abeilles.

MENTHE

Mentha spp. Lamiacées

Des variétés les plus familières (menthe douce ou menthe poivrée) aux plus goûteuses et originales (menthe pomme, citron, ananas, gingembre ou chocolat), elle existe dans de multiples parfums surprenants.

Jardinage

Les menthes sont des plantes herbacées indispensables mais très invasives dans un jardin. Mieux vaut les faire pousser en pots ou en jardinières, qui pourront être enterrés. Elles essaieront
de déborder, mais elles sont plus faciles à cultiver ainsi confinées. Les menthes panachées sont très décoratives, et, bien mises en pots, elles peuvent remplir les trous des bordures florales ou s'avérer des ajouts intéressants dans des endroits ombragés et humides où peu de plantes tiennent.

Variétés

La menthe douce ou **menthe verte** *(Mentha spicata)* a des fleurs en épis mauve rosé. Feuillage et parfum varient. La menthe douce frisée (*M. spicata* var. *crispa*) a un feuillage à cannelures à la senteur de menthe douce classique. La menthe marocaine est l'une des variétés qui dégagent le meilleur parfum.

La menthe poivrée *(M.* x *piperita)* est un hybride stérile, issu d'un croisement entre la menthe aquatique *(Mentha aquatica)* et la menthe verte *(Mentha spicata)*. D'allures variées, ses pointes florifères sont arrondies ou pointues. Les deux formes principales sont la menthe poivrée noire (var. *piperita*), à feuillage vert foncé à touches violettes et à pointes florifères arrondies, et la menthe poivrée blanche (var. *officinalis*), à feuillage vert vif et à inflorescences semblables à celle de la menthe verte. Parmi les variétés de menthe poivrée, 'Bergamote' ou 'Menthe Citron' présentent un parfum rappelant les essences d'agrumes.

La menthe aquatique *(M. aquatica)* a une forte senteur de menthe poivrée et de menthe pouillot, de grandes feuilles ovales vert-violet, des pointes arrondies de fleurs lilas. Elle aime l'humidité, et notamment la proximité de points d'eau.

La grande menthe *(Mentha* x *gracilis)* est issue d'un croisement entre la menthe des champs *(M. arvensis)* et la menthe verte. Ses tiges sont rouge-violet ; elle porte des feuilles pointues et des fleurs verticillées couleur lavande. Les cultivars ont des parfums de menthe verte, de menthe poivrée ou des arômes fruités. La menthe gingembre (*M.* x *gracilis* 'Variegata') a de jolies feuilles marbrées de jaune et une délicate senteur épicée.

La menthe suave ou **menthe pomme** *(M. suaveolens)* est une grande variété faisant jusqu'à 1 m, à feuilles tombantes et à pointes effilées de fleurs roses à blanches.

La menthe odorante 'Variegata' (*M. suaveolens* 'Variegata'), ou menthe ananas, a une douce senteur fruitée, des tiges relâchées, des feuilles panachées de blanc et des fleurs blanches.

Menthe verte (*Mentha spicata*).

La menthe velue *(M. x villosa)* est un hybride vigoureux et haut, stérile, à feuilles velues ovales et à grappes pointues de fleurs couleur lavande. On apprécie sa délicate saveur de menthe verte en cuisine pour les sauces à la menthe.

La menthe pouillot *(M. pulegium)* est une menthe rampante qui forme des massifs denses. Ses petites feuilles douces ont une odeur forte, et ses fleurs mauve lavande sont disposées en glomérules serrés. Le faux pouillot anglais *(Hedeoma pulegioides)* est une plante annuelle buissonneuse ressemblant à une menthe miniature.

La menthe de Corse *(M. requienii)* pousse en tapis mousseux denses, avec ses minuscules feuilles au fort parfum de menthe, parsemées de fleurs couleur lavande en été. Elle résiste au gel et pousse bien dans de grands bacs peu profonds, dans un coin ombragé et humide.

La menthe sylvestre *(M. longifolia)* a de longues tiges de feuilles pointues gris-vert au parfum de menthe verte, et des pointes fuselées de fleurs lilas à blanches. Les variétés ornementales comprennent le groupe de menthes 'Buddleia', à feuillage gris argent, et 'Variegata', aux taches blanc crème à jaunes.

- **Emplacement** Elle s'épanouit dans un sol riche et humide, à mi-soleil ou en plein soleil.
- **Multiplication** Procédez par boutures ou division des touffes. Vous pouvez aussi semer la menthe pouillot, celle de Corse et le faux pouillot anglais.
- **Entretien** Les menthes sont des plantes nourricières, aussi vaut-il mieux lever les pots enterrés en hiver et diviser les plants. Replantez un morceau des rhizomes les plus forts dans du compost frais, en ajoutant un peu d'engrais à diffusion lente ou de compost bien fermenté.
- **Parasites et maladies** Certaines menthes sont sujettes à la rouille causée par la maladie *Puccinea menthae*. Les plants infectés doivent être brûlés et le terrain ne doit plus être cultivé avec de la menthe. Pour prévenir la rouille, divisez et nourrissez les plantes régulièrement.
- **Récolte et conservation** Les menthes sèchent bien dans un lieu chaud et aéré, à l'abri du soleil. Conservez les feuilles dans des pots hermétiques. Cueillez les feuilles fraîches selon vos besoins.

Menthe odorante ou menthe pomme panachée (*Mentha suaveolens* 'Variegata').

En cuisine

La menthe fraîche peut étouffer toutes les autres saveurs d'un plat en raison de son effet anesthésiant sur le palais. Elle n'accompagne pas bien les autres herbes, et mieux vaut avoir la main légère si vous l'utilisez. Moins forte, la menthe séchée est très appréciée dans l'est du bassin méditerranéen et les pays arabes. La menthe verte, ou menthe de jardin, est la plus utilisée. Les Britanniques ne conçoivent pas le gigot d'agneau sans elle ; et elle se marie aussi très bien avec les pommes de terre, les petits pois, les salades et les entrées à base de yaourt comme la raïta indienne ou le tzatziki grec. Menthe verte et menthe poivrée font des tisanes appréciées après le repas. Toutes deux aromatisent les chewing-gums, mais la menthe poivrée est meilleure en glace, en confiserie et en liqueur.

MOUTARDE

Brassica juncea, B. nigra, Sinapis alba Brassicacées

Les moutardes sont originaires d'Europe et des régions tempérées d'Asie. Les Romains furent les premiers à fabriquer un condiment à base de moutarde moulue.

Jardinage

Les moutardes sont des plantes annuelles résistantes, hautes de 80 cm à 3 m, aux tiges branchues, aux feuilles lobées de 15 cm de long environ, et aux longues grappes de fleurs jaunes à 4 pétales auxquelles succèdent des gousses de 8 graines rondes et parfaites, dorées à brunes. Les moutardes à salade sont coupées avant que se développent les tiges florifères. Les jeunes feuilles sont ovales ou très découpées.

- **Variétés**

La moutarde de Chine *(Brassica juncea)* produit des graines très odorantes, pouvant être mélangées aux autres graines de moutarde ou utilisées entières dans les condiments et les chutneys, ou encore les currys. C'est la principale sorte de moutarde dont les feuilles agrémentent les mescluns, et les variétés à salade sont 'Pizzo', 'Red Giant' et 'Red Frills'.

La moutarde noire *(Brassica nigra)*, dont les graines sont moulues avec du vinaigre, donne à la moutarde française sa saveur si particulière. Ses jeunes pousses peuvent être utilisées en salade.

La moutarde blanche, ou sénévé *(Sinapis alba)*, a des graines légèrement parfumées qui servent à fabriquer la moutarde américaine. Elles sont moulues et mélangées à des graines de moutarde noire et à de l'eau pour faire la moutarde anglaise. Ses graines sont aussi mises à germer avec du cresson alénois *(Lepidium sativum)* dans des barquettes, comme garniture de salade.

- **Emplacement** Choisissez un sol bien drainé, en plein soleil, et enrichi de compost.
- **Multiplication** Pour les feuilles de salade, semez au début du printemps, et à 1 mois d'intervalle jusqu'à la fin de l'été, dans de grandes jardinières ou en pleine terre. Pour les gousses et les graines, semez au début du printemps. Pour faire germer de la moutarde et du cresson ensemble, prenez des clayettes en plastique peu profondes et semez les graines de cresson 3 jours plus tôt pour que moutarde et cresson soient coupés en même temps.
- **Entretien** Pensez à des tuteurs si vous cultivez la moutarde pour ses gousses.
- **Parasites et maladies** Les scarabées sauteurs attaquent les feuilles dans les périodes printanières chaudes et sèches.
- **Récolte et conservation** Ramassez les moutardes à salade quand les feuilles sont jeunes et tendres, avant que se développent les tiges florifères. Récoltez les gousses quand elles sont vertes pour vos salades d'été et pour vos conserves. Les graines mûres seront cueillies quand les gousses virent au brun, puis mises dans des sacs en papier pour finir de mûrir.

En cuisine

Les germes de moutarde, les jeunes pousses, les boutons de fleurs et les gousses vertes donnent une saveur légèrement relevée aux salades et aux sautés. Utilisez les graines dans les condiments et les chutneys ou broyez-les avec de l'eau, du jus de fruits, de la bière ou du vinaigre pour préparer votre propre condiment. Faites de la moutarde fraîche à partir de poudre de moutarde.

Les moutardes onctueuses et à graines s'accordent très bien avec la viande et peuvent être mélangées à de la crème fraîche dans une sauce pour poissons ou ajoutées à des plats mijotés ou des sauces piquantes juste avant de servir. La moutarde forte contient du raifort et parfois du piment, ce qui accentue son caractère relevé.

MUSCADE

Myristica fragrans Myristicacées

Au XVIe siècle, le médecin portugais Garcia de Orta écrivait : « Il n'y a rien de plus ravissant au monde que de découvrir des muscadiers ployant sous leurs fruits mûrs dorés, qui en s'ouvrant dévoilent un macis rouge à l'intérieur. »

Jardinage

Le muscadier est un arbre tropical à feuilles caduques, de 10 à 20 m de haut, originaire des îles malaises, aujourd'hui cultivé dans différentes régions des tropiques, notamment dans les Caraïbes. Les arbres portent des fruits quand ils ont 4 à 8 ans. Ils sont mâles ou femelles, ces derniers donnant de très beaux fruits. Chaque fruit a une couche externe charnue qui entoure une graine unique (la noix muscade) à l'intérieur d'une fine coque boisée. La coque est enclavée dans un arille d'aspect tanné rouge, appelé macis, et qui devient jaune en séchant. Les muscadiers demandent des conditions spécifiques et sont difficiles à cultiver.

- **Emplacement** Les conditions idéales sont beaucoup de lumière, de la pluie et de l'humidité, et un sol sablonneux riche en humus sur un flanc de colline.
- **Multiplication** Pour les meilleurs arbres, on procède par greffage ou par marcottage aérien. Pour de nouvelles plantations, on utilise aussi les plants issus de graines. La viabilité des graines est très courte : 24 heures à peine. On ne peut donc pas espérer cultiver la plante à partir de noix du commerce.
- **Entretien** Inutile de tailler, mais il faut éliminer les mauvaises herbes et les broussailles.
- **Parasites et maladies** Les fruits peuvent être attaqués par une maladie qui les fait s'ouvrir précocement, les rendant inutilisables pour l'arôme ou l'huile essentielle.
- **Récolte et conservation** Les fruits doivent mûrir et tomber pour donner le maximum de saveur, mais il faut alors les ramasser sous 24 heures.

Une envie, mais avec modération

Nous réfléchissons rarement aux herbes et épices que nous utilisons quotidiennement en cuisine. Certaines ont pourtant des composants très puissants. Pris sans excès, ils nous font du bien, mais, si l'on dépasse les doses usuelles, ils deviennent dangereux. Le premier cas connu d'empoisonnement à la muscade date de 1576 : prise d'une envie irrépressible de muscade, une dame anglaise enceinte en consomma une douzaine et fut prise d'un délire enivrant qui la rendit très malade. Si seulement elle avait su se restreindre et suivre la recette !

En cuisine

La noix muscade et le macis sont des ingrédients clés dans différents mélanges d'épices comme le mélange quatre-épices ou le ras el-hanout d'Afrique du Nord. Râpée ou moulue, la noix muscade a de nombreux usages en pâtisserie et dans les boissons épicées. Dans les plats salés, elle est ajoutée aux farces pour pâtes, aux sauces crémeuses ou à base de lait (comme la béchamel) et aux épinards. Le macis a une saveur similaire mais plus subtile et une couleur plus pâle qui convient mieux aux poissons, aux bouillons clairs et aux soufflés. La chair des fruits est excellente pour faire des gelées ou des sirops.

Noix muscade séchées.

MYRTE

Myrtus communis Myrtacées

Le myrte était un symbole de paix dans l'Ancien Testament, et de victoire honorable dans la Grèce et la Rome antiques. On le tressait en couronne lors des premiers jeux Olympiques.

Jardinage

Le myrte commun est originaire du bassin méditerranéen et du sud-ouest de l'Europe. C'est un arbuste ou petit arbre résistant à feuilles persistantes ovales, brillantes et parfumées. Ses petites fleurs odorantes blanches portent une légère touffe centrale d'étamines et sont suivies par des baies résineuses bleu-noir de 1 cm.

Dans les régions à hivers froids, mieux vaut cultiver le myrte en pot ou dans un endroit abrité, contre un mur. Préférez les formes naines ou panachées, moins robustes mais plus ornementales, si vous voulez les mettre dans des jardins d'intérieur à l'abri du gel ou dans des patios abrités.

- **Variétés** 'Flore Plena' à doubles fleurs est une rareté ; le myrte nain (*Myrtus communis* subsp. *Tarentina*, aussi nommé 'Nana', 'Microphylla' ou 'Jenny Reitenbach') est parfait pour les topiaires, avec son feuillage petit et dense, et ses fruits blancs. 'Variegata' a des feuilles bordées de blanc.
- **Emplacement** Le myrte a besoin de soleil et d'un sol bien drainé, neutre à calcaire. Il supporte la sécheresse. La plupart des myrtes tiennent bon par – 10 °C, mais les formes panachées ne résistent pas à des températures inférieures à – 5 °C.
- **Multiplication** Semez en automne. Procédez à des boutures demi-aoûtées pour les variétés à nom spécifique pendant l'été.
- **Entretien** Taillez au printemps pour leur donner forme, avant l'arrivée des nouvelles pousses. Rempotez ou fertilisez les plantes en pots au printemps. Mettez un peu d'engrais chaque mois. Arrosez quand le sol est sec au toucher.
- **Parasites et maladies** Les plantes cultivées à l'intérieur peuvent être attaquées par les chenilles de certains papillons.
- **Récolte et conservation** Vous pouvez faire sécher à l'air les boutons, les fleurs, les fruits et les feuilles. Des branches entières sont distillées pour obtenir l'huile essentielle utilisée en parfumerie, en aromathérapie et dans les produits pour la peau.

En cuisine

Les feuilles de myrte, les boutons et les fruits sont tous des ingrédients de la cuisine méditerranéenne, notamment en Corse et en Sardaigne. Ils aromatisent le porc, l'agneau, les pâtés et le petit gibier. Mettez par exemple quelques brins de myrte sur des viandes rôties ou au barbecue, en fin de cuisson, pour ajouter une note épicée. On les ajoute aussi aux sauces et à certaines liqueurs. Les baies ont une légère saveur de genévrier. Les fleurs et les fruits sont moulus en une épice de la même saveur. L'huile infusée est utilisée dans les thés, les vinaigrettes, les plats à base de poulet et de poisson, les desserts et les pâtisseries.

Fruits de myrte séchés.

ORTIE

Urtica dioica Urticacées

Au XVIIe siècle, le célèbre herboriste Culpeper écrivait que les orties « pouvaient être identifiées au toucher par la nuit la plus noire ». Les jeunes pousses de cette plante urticante sont néanmoins délicieuses.

Jardinage

La grande ortie, ou ortie commune *(Urtica dioica)*, est une mauvaise herbe commune dans l'hémisphère Nord. Cette plante vivace est résistante et mesure jusqu'à 1,20 m, avec des feuilles ovales dentelées aux poils urticants. Les petites fleurs vertes mâles et femelles sont portées en grappes sur des pieds différents. Les racines jaunes tendent à s'étaler. Les feuilles jeunes sont riches en vitamine C et en minéraux (potassium, calcium, silice et fer en particulier). Des ensembles d'orties sont laissés intacts dans les réserves de faune comme plantes nourricières pour les chenilles de divers papillons et insectes. On peut aussi les laisser pousser comme légumes de printemps, ou les couper pour faire du compost.

- **Variétés** La petite ortie ou ortie brûlante *(U. urens)* a les mêmes composants et usages.
- **Emplacement** Les orties aiment le soleil et l'ombre, et un sol riche et humide, très azoté.
- **Multiplication** Procédez par division au printemps.
- **Entretien** Les orties sont envahissantes mais faciles à contrôler en enlevant les racines, peu profondes.
- **Parasites et maladies** On appelle souvent parasites de l'ortie les larves de futurs papillons.
- **Récolte et conservation** Comme légumes, cueillez les nouvelles pousses au printemps dès qu'elles font 10 cm de haut, car les vieilles herbes développent des cristaux d'oxalate de calcium. Pour les faire sécher, cueillez-les en début de floraison. Portez toujours des gants épais pour protéger vos mains. Arrachez les racines à l'automne et laissez sécher à l'air, à l'abri du soleil.

En cuisine

Les jeunes pousses étaient autrefois très utilisées dans le cadre du régime de printemps pour revitaliser l'organisme après l'hiver. On peut les cuisiner comme les épinards ou les ajouter à des soupes, des légumes, des œufs ou de la viande. La tisane est fade et peut donc être mélangée à d'autres herbes ou à des thés indiens ou verts. Ne mangez pas d'orties crues. Les vieilles feuilles ont une forte teneur en oxalate de calcium et ne doivent pas être consommées en légumes.

Un fromage aux orties

Le *cornish yarg*, spécialité anglaise, est un fromage artisanal à pâte semi-dure au goût crémeux. Il est enveloppé dans des feuilles d'ortie après avoir été pressé et plongé dans la saumure. Les feuilles sont disposées à la main, dessinant un motif plaisant et favorisant une pourriture naturelle qui aidera le processus de maturation en donnant au fromage un subtil goût de champignon.

OSEILLE

Rumex spp. Polygonacées

L'oseille pousse facilement, et sa saveur fraîche, citronnée, est très changeante selon les plats dans lesquels elle est utilisée, comme les salades, soupes ou frittatas (omelettes italiennes).

Jardinage

L'oseille est une plante précoce, qui convient aux salades hivernales et comme plante aromatique. Trois sortes sont cultivées pour être cuisinées. Toutes sont vivaces et résistantes.

L'oseille commune *(Rumex acetosa)* forme des touffes, aux feuilles de 15 cm. Au début de l'été, les tiges élancées portent des pointes de petites fleurs rougeâtres, auxquelles succèdent de petites noix dures.

Oseille commune (*Rumex acetosa*).

L'oseille ronde *(R. scutatus)* forme un tapis végétal bas à petites feuilles ovales à hastées, sur des tiges de 30 cm environ à petites fleurs rouge-vert.

L'oseille sanguine *(R. sanguineus)* a de jolies feuilles vert vif nervurées et veinées de rouge. Elles ont plus de goût quand elles sont cultivées comme mesclun dans un climat chaud.

- **Variétés** *R. acetosa* 'Profusion' ne fleurit pas et produit des nouvelles feuilles fraîches presque toute l'année. *R. scutatus* 'Silver Shield' a des feuilles marbrées argent.
- **Emplacement** L'oseille a besoin d'un sol riche et humide, ensoleillé ou partiellement ombragé.
- **Multiplication** Semez les graines d'espèces au printemps. Elles germent après 14 jours. Divisez les variétés au printemps.
- **Entretien** L'oseille ronde est de nature envahissante. Taillez-la régulièrement pour la contrôler et être approvisionné en jeunes pousses. Coupez les pointes florifères pour l'empêcher de se ressemer et prolonger la production de feuilles.
- **Parasites et maladies** Pas de problème majeur.
- **Récolte et conservation** Cueillez l'oseille fraîche pendant la saison de pousse. Elle sèche mal, mais peut être surgelée.

En cuisine

Cette feuille qui ressemble à l'épinard est délicieuse quand elle est cueillie tendre ; choisissez les plus jeunes feuilles. Pour garder sa saveur, elle doit être cuite rapidement. Une purée d'oseille accompagne agréablement les poissons, les œufs, le porc ou le veau ; son acidité attendrit aussi la viande. La sauce à l'oseille (voir page 84) est un classique en cuisine française pour accompagner le poisson.

PAVOT

Papaver spp. *Eschscholzia californica* Papavéracées

Cultivé depuis plus de 5 000 ans, le pavot est l'attribut de Cérès, déesse romaine de la terre et des moissons. La saveur et le craquant des graines sont appréciés en cuisine, notamment en Allemagne.

Jardinage

Les pavots sont des plantes annuelles résistantes faciles à cultiver, parfaites pour remplir les trous dans les bordures ou dans des jachères de fleurs.

- **Variétés**

Le pavot à opium *(Papaver somniferum)* mesure jusqu'à 1,20 m. Il a de grandes feuilles dentelées vert argenté et des fleurs à 4 pétales blanches à mauves. Aux fleurs succèdent des capsules globuleuses à opercule qui, en s'ouvrant, laissent échapper une graine mûre. La paroi de la capsule verte suinte à la moindre blessure un suc laiteux amer. Il existe des formes ornementales, très populaires, comme 'Danish Flag', une variété à fleur blanc et rouge du XIXe siècle, ou encore 'Hen and Chickens', une variété plus ancienne qui porte un anneau de petites fleurs autour de chaque grande fleur. Les variétés les plus prisées sont celles aux fleurs de pivoine (groupe *Paeoniiflorum*), comme 'White Cloud', 'Black Peony' et 'Flemish Antique'.

Le coquelicot *(P. rhoeas)* a 4 pétales rouge vif, avec parfois une tache noire au centre. Il a engendré deux formes ornementales, 'Shirley' et 'Mother of Pearl'.

Le pavot de Californie *(E. californica)* est originaire de l'ouest des États-Unis, avec une sous-espèce mexicaine qui s'étend au sud jusqu'au désert de Sonora. Il est résistant à la chaleur et à la sécheresse, avec des feuilles finement divisées bleu-vert et de nombreuses fleurs soyeuses à 4 pétales de jaune citron à orange. Les souches ornementales comprennent 'Ballerina', avec des fleurs flûtées simples, demi-doubles et doubles de couleurs rouge, rose, orange et jaune.

- **Emplacement** Tous les pavots ont besoin d'un sol bien drainé et d'ensoleillement.
- **Multiplication** Les pavots ne doivent pas être transplantés. Semez les graines finement et régulièrement, après les avoir mélangées à du sable sec. Si vous semez toutes les 4 à 6 semaines à partir du début du printemps, vous aurez des fleurs tout l'été et l'automne.
- **Entretien** Désherbez régulièrement.
- **Parasites et maladies** Ils peuvent être attaqués par l'oïdium quand ils montent en graine.
- **Récolte** et conservation Récoltez et faites sécher les parties hors terre et les pétales quand les fleurs sont bien écloses. Ramassez les graines des capsules à maturité et faites-les sécher.

En cuisine

Largement utilisées dans les cuisines juive et allemande, les graines de pavot ne sont pas narcotiques et sont appréciées pour leur saveur et leur craquant. On les trouve dans les pains, les gâteaux, les pâtisseries, les muffins, les bagels… Les graines de pavot peuvent également apporter une touche d'originalité à une vinaigrette.

Le coquelicot *(Papaver rhoeas)* est parfait pour égayer un jardin de fleurs sauvages.

PENSÉE SAUVAGE

Viola tricolor Violacées

Cette jolie fleur sauvage originaire d'Europe, connue sous bien des noms, signifie de douces pensées dans le langage des fleurs. On sait moins qu'elle est comestible.

Jardinage

La pensée sauvage est une plante annuelle résistante, ou une plante vivace de courte longévité, aux feuilles pétiolées et dentelées à limbes ovales, pas très haute et disséminée. Au printemps et en été, ses nombreuses petites fleurs, qui rappellent les pensées, ont 1 éperon et 2 pétales supérieurs violets, tandis que les 3 autres pétales sont violet-noir, blancs ou jaunes, avec de petites moustaches violettes très caractéristiques de la fleur. Aux fleurs succèdent des capsules à trois valves qui, en s'ouvrant, révèlent de nombreuses graines rondes marron. La pensée sauvage est l'un des ancêtres de la pensée moderne, et les couleurs des fleurs varient de l'une à l'autre. Elles sont jolies en pots, en bordure, dans une rocaille ou le long d'un chemin, où elles se reproduiront librement.

- **Variétés** La variété 'Prince John', de type pensée sauvage, a des fleurs jaune vif. La variété 'Bowles' Black' a des fleurs veloutées presque noires et un œil jaune.

- **Emplacement** La pensée sauvage pousse presque partout, de préférence dans un endroit humide et frais au soleil ou partiellement à l'ombre et dans un sol légèrement acide.
- **Multiplication** Semez les graines au printemps ou à l'automne en pots ou en bacs, et mettez en pleine terre quand les plantes sont suffisamment grandes. Vous pouvez aussi semer directement au jardin.
- **Entretien** Taillez légèrement la plante en été de manière à encourager la floraison à l'automne.
- **Parasites et maladies** Pas de problème majeur.
- **Récolte et conservation** Pour un usage culinaire, cueillez les fleurs fraîches selon vos besoins. Les parties hors terre sont récoltées en pleine floraison pour un usage médicinal. Pour les faire sécher, suspendez les plantes tête en bas dans un lieu bien aéré et à l'abri du soleil.

En cuisine

Cristallisez les fleurs pour décorer des gâteaux (voir page 124) ou agrémentez vos salades de fleurs fraîches. Mais assurez-vous avant de cuisiner qu'elles n'onts pas été pulvérisées avec des agents chimiques.

Salade fleurie

Beaucoup de plantes et d'herbes ont des fleurs comestibles qui sont jolies en salade (certaines fleurs sont toxiques, il faut donc bien vérifier avant). Mélangez différentes salades vertes avec de la pensée sauvage (ne prenez que la fleur) et des fleurs de cresson, de bourrache, de monarde, de fenouil, de roquette ou de souci. Assaisonnez légèrement.

PERSIL

Petroselinum crispum Apiacées

Le persil, originaire du Sud-Est méditerranéen, est cultivé dans les régions tempérées à travers le monde et a de nombreux usages culinaires. On le cultive souvent en pot.

Jardinage

Le persil est une plante bisannuelle qui, la première année, forme une rosette de feuilles avant de fleurir le deuxième été quand son feuillage devient amer. Il pousse bien en pot, soit sur un rebord de fenêtre ensoleillé, soit dehors, près de la cuisine. Rempotez les pousses de persil achetées en godets au supermarché pour obtenir des spécimens plus grands qui pourront être prélevés pendant plusieurs mois.

- **Variétés** Il existe plusieurs types de persils bien distincts.

Le persil frisé (*Petroselinum crispum* var. *crispum*) est le plus courant. Les meilleures variétés comprennent 'Moss Curled', 'Clivi', intéressant pour ses feuilles qui restent toujours vertes, et 'Frison', qui repousse facilement. Les variétés à feuilles plates, dites **persil plat** (*P. crispum* var. *neapolitanum*), aussi appelées persil de Naples, sont un peu plus grandes et mesurent jusqu'à 60 cm.

Le persil tubéreux (*P. crispum* var. *tuberosum*), aussi connu sous le nom de persil de Hambourg, est plus cultivé pour sa racine pivotante au parfum délicat que pour ses feuilles, bien qu'elles soient également utiles.

Le **persil japonais** ou **shiso** *(Perilla frutescens)* appartient à la même famille. Sa saveur ressemble à un mélange de céleri, d'angélique et de persil. Il existe une forme élégante à feuilles et fleurs violettes (*Perilla frutescens* var. *crispa purpurea*, voir page 69).

- **Emplacement** Le persil se plaît au soleil plutôt qu'à mi-ombre, dans un sol bien drainé mais humide. Si le sol est très acide, incorporez de la chaux avant de planter.

- **Multiplication** La multiplication se fait uniquement par semis, et les graines mettent 3 à 8 semaines à germer. Pour accélérer le processus, trempez les graines dans de l'eau chaude pendant une nuit avant de les semer en caissettes ou en pots. Ou bien versez de l'eau fraîchement bouillie le long des semoirs avant de planter. Couvrez légèrement la graine de terre. Transplantez les pousses dans le jardin (ou les jeunes plants semés directement au jardin) en les espaçant de 25 cm. Le persil se ressème naturellement si les conditions sont bonnes. Dans les régions froides, une cloche réchauffe le sol et permet de planter les pousses précocement, ou de protéger une culture hivernale.

- **Entretien** Arrosez régulièrement, sinon le persil fleurira dès la première saison. Couper les tiges florifères émergentes permet de ralentir le processus.
- **Parasites et maladies** Plutôt facile à cultiver, le persil peut être agressé par des parasites attaquant des espèces apparentées ; par exemple, la mouche du céleri ou le charançon de la carotte. Il est sujet à la septoriose. Le persil tubéreux peut être atteint de pourriture de la couronne après des périodes de pluie prolongées.
- **Récolte et conservation** Les nouvelles pousses sont au centre de la tige. Récoltez plutôt sur l'extérieur des plantes. Le persil est facile à surgeler, mais il sèche mal car il perd beaucoup de saveur. Pour récolter les graines, suspendez des bottes de tiges portant des graines mûrissantes tête en bas dans des sacs en papier. Récoltez les racines en fin de deuxième saison, et séchez-les à l'air.

En cuisine

Le persil plat est généralement considéré comme ayant le meilleur goût, tandis que le persil frisé est plus joli en garniture. Utilisez l'un ou l'autre, finement ciselé, dans vos salades, avec des légumes ou des œufs, et pour les sauces. Ajoutez-le en fin de préparation pour préserver sa saveur. Le persil est un ingrédient essentiel dans plusieurs mélanges aromatiques, notamment dans la cuisine française. Le bouquet garni, cette petite botte d'herbes fraîches au goût relevé pour les longues cuissons, comprend ainsi normalement une feuille de laurier et des brins de persil et de thym. Il est essentiel dans la persillade (un mélange de persil et d'ail finement coupés, voir recette page 96).
La racine comestible du persil tubéreux est utilisée dans les soupes et les ragoûts, et peut être rôtie ou bouillie.
Le goût particulier du shiso, typique de la cuisine japonaise, aromatise les soupes, les salades, les plats mijotés et les fritures. Blanchissez les feuilles brièvement pour les attendrir et ajoutez-les à la dernière minute pour préserver leur saveur délicate.

Le persil tubéreux (*Petroselinum crispum* var. *tuberosum*), cultivé pour ses racines et non pour son feuillage, a un goût délicat et pousse en pot comme en terre.

Sauce chimichurri

Le persil est présent dans de nombreux mélanges d'herbes et d'épices à travers le monde (voir les recettes de chermoula et de persillade, page 96). Essayez cette recette de sauce argentine à servir avec une viande chaude cuite au barbecue.

Mélangez 6 gousses d'ail, 2 c. à s. de feuilles d'origan frais et 1 poignée de feuilles de persil, toutes ciselées. Ajoutez 1 c. à s. d'oignon rouge émincé, 1 c. à s. de piment frais émincé, 1 c. à c. de poivre noir moulu, 150 ml d'huile d'olive, 6 c. à s. de vin rouge. Assaisonnez de poivre noir et de sel. Versez dans un pot de confiture. Fermez et secouez. Laissez reposer 4 heures avant de servir.

PIMPRENELLE

Sanguisorba minor et *S. officinalis* Rosacées

Avec leurs feuilles pennées, qui rappellent les fougères, et leurs pointes florifères arrondies, les pimprenelles sont plutôt décoratives. Leur saveur est proche de celle du concombre.

Jardinage

La pimprenelle (*Sanguisorba minor*) est une plante vivace à feuilles persistantes, délicate et robuste, de 45 cm de haut, qui forme des touffes de feuilles pennées aux nombreuses paires de folioles ovales et dentées. En été, les longues tiges élancées portent des têtes globuleuses de minuscules fleurs vertes, pollinisées par le vent, aux anthères d'un rouge intense. La grande pimprenelle (*S. officinalis* syn. *Poterium officinale*) est très semblable à la petite pimprenelle, mais elle présente des tiges de 1 m et des calices de minuscules fleurs rouge bordeaux.

- **Variétés** *S. officinalis* existe dans des couleurs différentes, dont 'Arnhem', à pointes florifères rouge cerise, 'Pink Tanna', à pointes florifères roses, et 'Shiro-fukurin', aux folioles bordées de blanc.
- **Emplacement** *S. minor* préfère les sols calcaires secs et ensoleillés. *S. officinalis* aime les sols humides à mouillés, neutres à calcaires, au soleil ou à mi-ombre.
- **Multiplication** Semez au printemps ou en automne, ou divisez les grosses touffes au printemps. Attention : les variétés ne se reproduisent pas à l'identique.
- **Entretien** Coupez les tiges fleuries émergentes pour favoriser la production de feuillage. Taillez les tiges mortes avant qu'apparaissent les nouvelles pousses au printemps.
- **Parasites et maladies** Pas de problème majeur à signaler.
- **Récolte et conservation** Coupez les feuilles avant floraison pour un usage médicinal. Pour les utiliser fraîches comme herbes aromatiques, cueillez les feuilles au fur et à mesure selon vos besoins. Prélevez les racines en automne pour les sécher.

En cuisine

La pimprenelle est présente dans différentes sauces dont la sauce ravigote, qui accompagne parfaitement le poulet rôti froid et les fruits de mer. Ajoutez de jeunes pousses de pimprenelle aux salades et soupes froides ou aux fromages à pâte molle. Disposez en garniture ou laissez infuser dans du vinaigre. Elle ne sèche pas bien, mais ses feuilles peuvent être surgelées dans des bacs à glaçons.

Fleurs de grande pimprenelle (*Sanguisorba officinalis*) avec leurs anthères rouges, en été.

POIVRIER

Piper spp. Pipéracées

Depuis les temps les plus reculés, le poivre, issu des baies du poivrier, fut l'objet d'échanges commerciaux de l'Orient vers l'Arabie et jusqu'en Europe. C'était l'épice exotique la plus indispensable.

Jardinage

Le poivrier appartient à un genre regroupant plus de 1 000 plantes grimpantes, arbrisseaux et petits arbres tropicaux. C'est une liane à tiges multiples, à feuilles ovales et veinées et à fleurs infimes sans pétales sur des pointes retombantes qui développent des baies vertes puis jaunes et enfin rouges au fil du mûrissement. Les fruits verts produisent des grains de poivre verts et noirs. Les fruits mûrs sont traités et deviennent blancs après trempage des baies dans de l'eau pendant 7 à 10 jours, afin que la péricarpe rouge se désintègre et laisse la graine pâle sécher à nu. De nombreuses espèces sont cultivées dans le monde pour l'assaisonnement. Parmi celles que l'on utilise, comme le poivre blanc et noir, on trouve le poivrier long *(Piper longum)*, aux fruits plus forts que ceux de *P. nigrum*, et le cubèbe *(P. cubeba)*, qui entre dans la composition du ras el-hanout, mélange d'épices marocain. Un arbre sud-américain non apparenté, *Schinus molle*, ou faux poivrier, produit des grains de poivre rose.

- **Emplacement** Un sol riche, bien drainé, neutre à acide, légèrement à l'ombre, et une grande humidité, par 26-30 °C sont idéaux. En hiver, les lianes résistent à 16 °C, si elles sont gardées au sec et à la lumière.
- **Multiplication** Boutures en été.
- **Entretien** Prévoyez un treillis et attachez les pousses grimpantes quand elles se développent.
- **Parasites et maladies** Les lianes sont sujettes aux moisissures *Phytophthora* et *Fusarium*. Augmentez l'aération et aspergez de bouillie bordelaise (riche en cuivre).
- **Récolte et conservation** Les grains verts sont récoltés quand les grappes ont moins de 10 % de baies jaunes. Pour les grains noirs, les grappes sont cueillies quand les fruits sont jaunes. Les fruits mûrs, rouges à 75 % ou plus, produisent le poivre blanc. Tous doivent être parfaitement séchés avant d'être stockés moulus ou entiers.

En cuisine

Le poivre moulu est aussi essentiel que le sel pour assaisonner les plats. Le poivre blanc est plus fort mais moins aromatique. Sinon, le choix de la variété est une question de goût, sauf précision dans la recette suivie. Le poivre mignonnette est un mélange de poivres moulus blanc et noir. On utilise souvent des grains de poivre blanc dans les condiments. Les grains verts entiers sont ajoutés aux sauces accompagnant les viandes, notamment le canard.

Une rançon royale

Le poivre était autrefois si précieux qu'il servait de monnaie d'échange, d'où l'expression de « loyers en poivre ». Quand Attila fit le siège de Rome, en 452, il exigea comme rançon 1 360 kg (ou 3 000 livres) de poivre qu'il savait entreposés dans le trésor romain. « Ils arrivèrent avec de l'or et repartirent avec du poivre », écrivit un poète tamoul, en référence aux commerçants romains qui s'amarraient dans les ports de sa région natale, dans le sud de l'Inde.

Grains de poivre séchés.

RAIFORT ET WASABI

Armoracia rusticana et *Wasabia japonica* Brassicacées

Le goût piquant du raifort est dû aux huiles de moutarde. Le raifort japonais, ou wasabi, cultivé au Japon depuis le xe siècle, est un cousin oriental à la saveur également très forte.

Jardinage

Le raifort est une plante vivace résistante à la racine pivotante charnue et ramifiée, et aux très grandes feuilles oblongues de 20 à 50 cm. De petites fleurs apparaissent au bout des longues tiges au début de l'été. Une fois implanté, le raifort est très difficile à éradiquer ou à déplacer. Mieux vaut bien réfléchir avant de le planter. Si vous avez des doutes, faites-le pousser en pot. Le raifort panaché ('Variegata') est très beau en bac. Le raifort japonais, ou wasabi *(Wasabia japonica)*, est une plante vivace semi-aquatique aux feuilles en forme de cœur de 15 cm de diamètre, et aux fleurs cruciformes blanches au bout de tiges de 40 cm.

- **Emplacement** Le raifort a besoin de soleil, dans un sol profond et enrichi de compost ou de fumier. Le wasabi préfère l'ombre et la fraîcheur, entre 10 et 13 °C, et une eau très propre légèrement calcaire.
- **Multiplication** Au printemps, plantez horizontalement de fins bâtonnets de racines latérales de raifort. Couvrez et affermissez. Divisez le wasabi en automne.
- **Entretien** Ne laissez pas le raifort sécher, sinon les racines deviennent amères. Gardez le wasabi à l'ombre, au frais et arrosé.
- **Parasites et maladies** Le raifort cultivé pour le commerce est sujet à divers problèmes fongiques comme la rouille, à des infections virales et aux insectes mangeurs de feuilles. En revanche, celui qui pousse au jardin est rarement atteint.
- **Récolte et conservation** Cueillez les jeunes feuilles tendres de raifort au printemps, ou quand une nouvelle pousse apparaît. La deuxième et la troisième année, après le premier gel et quand elles sont à l'apogée de leur saveur, récoltez les racines et utilisez-les fraîches. Conservez les racines propres dans des sacs en plastique scellés, au réfrigérateur, jusqu'à 2 mois. Levez les racines de wasabi la deuxième année, au printemps ou à l'automne, utilisez-les fraîches ou faites-les sécher. Vous pouvez aussi les surgeler. Réduisez les racines sèches en poudre et reconstituez selon vos besoins, car la pâte ne se conserve pas bien.

En cuisine

Les jeunes feuilles de raifort et de wasabi peuvent être mangées crues, en salade ou dans les sandwichs, notamment avec un poisson gras ou du bœuf. Pour une saveur optimale, pelez et grattez les racines (dans un lieu aéré en raison des émanations), puis, pour 250 ml de pulpe, ajoutez 125 ml de vinaigre blanc et 1/4 de c. à c. de sel. Ce mélange se garde jusqu'à 2 mois au réfrigérateur s'il est bien couvert. Utilisez-le en condiment avec du bœuf ou du poisson frais ou fumé. Le wasabi, souvent présenté en pâte artificiellement colorée, accompagne les sushis, les sashimis, les nouilles soba et d'autres plats japonais.

Raifort *(Armoracia rusticana)*.

RÉGLISSE

Glycyrrhiza glabra Fabacées

La réglisse est cultivée et récoltée depuis l'Antiquité pour ses racines aromatiques. Les Grecs et les Romains l'utilisaient pour s'éclaircir la voix.

Jardinage

La réglisse est une plante vivace herbacée, formant des buissons jusqu'à 1,50 m de haut, et aux profondes racines. Elle se propage sous terre grâce à des stolons étendus. Hors terre, elle a des feuilles pennées, de 9 à 17 folioles, et des pointes à petites inflorescences violettes. Originaire du sud de l'Europe et du Sud-Ouest asiatique, la réglisse préfère les riches plaines alluviales de Turquie, qui, avec la Grèce et l'Espagne, est l'un des principaux producteurs. La réglisse est une plante de jardin intéressante en elle-même ou en arrière-plan.

- **Variétés** Les botanistes reconnaissent 3 variétés : la réglisse espagnole ou italienne (*Glycyrrhiza glabra* var. *typica*), la réglisse russe (*G. glabra* var. *glandulifera*) et la réglisse de Perse (*G. glabra* var. *violacea*). D'autres variétés sont utilisées de la même manière : la réglisse de l'Oural ou de Mongolie *(G. uralensis)* et la réglisse de Mandchourie *(G. pallidiflora)*.
- **Emplacement** La réglisse préfère un terrain riche, profond et sablonneux, et du soleil.
- **Multiplication** La réglisse semée est lente à pousser. On utilise généralement des sections de rhizomes décaissées au printemps.
- **Entretien** Elle est invasive. Sélectionnez et récoltez les stolons qui se développent à partir de la plante principale. Coupez les tiges mortes en période de dormance.
- **Parasites et maladies** Pas de problème majeur.
- **Récolte et conservation** Pour des racines de qualité, déterrez celles de 3 ans. Nettoyez-les bien et faites-les sécher.

Tranches de racine de réglisse séchée.

En cuisine

En cuisine chinoise, la racine de réglisse est particulièrement prisée dans les bouillons, dont elle accroît la saveur intense. Elle ajoute aussi une note suave à certaines tisanes. Les racines pouvant être amères, il vaut mieux les utiliser avec parcimonie dans les compotes de fruits. Les bâtons de réglisse sont des sections des racines que l'on suce ou mâche comme confiserie.

Digne d'un empereur

La réglisse en rouleaux est devenue une confiserie populaire dans l'Angleterre du XVIe siècle. Les disques plats et mous d'alors, faits de réglisse, de gomme et de mélasse, étaient tamponnés d'une image stylisée du château de Pontrefact (Angleterre). Ils sont toujours fabriqués et appréciés, comme les autres célèbres bonbons anglais multicolores. On raconte que Napoléon avait toujours sur lui des losanges de réglisse.

ROMARIN

Rosmarinus officinalis Lamiacées

Le romarin est l'une des herbes les plus appréciées et cultivées à travers le monde. Dans de nombreuses régions, il symbolise l'amitié et le souvenir.

Jardinage

L'herbe sauvage *Rosmarinus*, qui signifie rosée de la mer, est l'une des plus communément trouvées le long des côtes du bassin méditerranéen. Il en existe de nombreuses formes et couleurs, mais l'espèce principalement vendue par les pépiniéristes est *R. officinalis*.

Toutes sont des plantes herbacées à feuilles persistantes, étroites, denses et effilées. Buissons arrondis, variétés prostrées ou arbustes colonnaires jusqu'à 2 m, les romarins varient aussi par la taille, la largeur et le vert des feuilles. Les fleurs peuvent être bleues, du pâle à l'intense, bleu-violet, roses ou blanches. La plupart sont comestibles, même si certains ont une saveur camphrée qui convient mieux à la médecine. Au jardin, le romarin a de multiples usages, des haies aux tapis de plantes, des jardinières aux topiaires. Certaines variétés sont plus résistantes que d'autres, aussi vaut-il mieux se renseigner avant de choisir quoi planter. Dans les régions plus froides, les variétés moins résistantes sont cultivées en pots ou en jardinières afin d'être mises à l'abri en hiver.

Romarin (*Rosmarinus officinalis*).

- **Variétés** Parmi les variétés hautes et dressées, 'Miss Jessop's Upright' syn. 'Fastigiatus' est une plante droite et étroite, à fleurs pâles tachetées ; 'Pyramidalis' est plus grande et colonnaire, avec des feuilles très larges ; 'Erectus' est à fleurs bleu violacé et de croissance rapide ; 'Baie d'Audierne' est une variété robuste à port dressé et à fleurs bleu violacé. Parmi les variétés buissonnantes aux fleurs bleu intense, les plus colorées sont 'Benenden Blue' syn. 'Collingwood Ingram', 'Tuscan Blue', une variété ancienne de Toscane, et 'Saint Florent', variété corse à fleurs bleues. Les formes à fleurs roses comprennent 'Roseus', à tiges dressées, et 'Majorcan Pink', à plus petites fleurs et moins résistantes. Celles à fleurs blanches incluent 'Albiflorus' syn. 'Albus', à fleurs pâles blanc-bleu, et 'Vicomte de Noailles', à port légèrement étalé et à fleurs blanc rosé.
  Les variétés semi-prostrées sont généralement moins robustes. Elles sont parfaites en pots, contre un mur ou dans une rocaille. Le romarin tapissant le plus courant, du groupe *Prostatus*, est variable. Les cultivars à nom spécifique incluent 'Corsican Blue', au port étalé et à fleurs bleu violacé, 'Severn Sea', une variété plus résistante à fleurs bleu moyen, et 'Rampant Boule', une variété de romarin rampant et dense à la floraison prolifique. Les deux plus petites

variétés sont 'Pointe du Raz', idéale pour une plantation en pot, et 'Farinole'. Enfin, les variétés panachées comprennent 'Genges Gold', margée de blanc. 'Joyce de Baggio' syn. 'Golden Rain' est la forme la plus dorée avec ses feuilles uniformément margées jaune-vert, tandis qu''Aureus' a des taches jaunes occasionnelles.

- **Emplacement** Le romarin a besoin de beaucoup de soleil et d'une terre très bien drainée. Il supporte différents pH, des sols modérément acides à moyennement calcaires. Les sols calcaires favorisent des plantes plus compactes et plus parfumées. Plante côtière, le romarin supporte aussi les vents marins iodés et les sols rocailleux, ce qui le rend facile à cultiver en bord de mer.
- **Multiplication** Procédez par boutures des sommets au début de l'automne et au printemps. Les graines germent mal, et les variétés ne se reproduisent pas à l'identique.
- **Entretien** Taillez légèrement et régulièrement pour garder une forme à la plante et favoriser une bonne circulation de l'air. Le romarin a un système racinaire robuste, aussi doit-on rempoter les plantes chaque année et les remplacer tous les 3 ou 4 ans. Préférez les pots poreux en terre aux pots en plastique pour faciliter l'aération et le drainage. Dans les régions humides, posez un paillis avec du gravier, du gros sable ou des cailloux pour éviter que des éclaboussures de boue entraînent des problèmes de pourriture.
- **Parasites et maladies** Si le romarin est trop arrosé, ses racines peuvent pourrir. Veillez à ce que les bouts des feuilles ne viennent pas à roussir et les branches à mourir. Le scarabée du romarin et ses larves se nourrissent des feuilles et sont donc aussi à surveiller.
- **Récolte et conservation** Récoltez les nouvelles pousses de romarin et les sommités fleuries à tout moment pour l'utiliser frais. Séchez-le à plat sur des plateaux recouverts de papier absorbant, puis enlevez les feuilles des tiges et conservez-les dans des pots hermétiques. Cueillez les fleurs fraîches, sans verdure, pour en décorer vos salades ou vos desserts.

Pour faire des décorations, cristallisez les feuilles de romarin avec du blanc d'œuf et du sucre en poudre (voir page 124).

En cuisine

Les feuilles abîmées de romarin ont une senteur résineuse qui rappelle le pin, et un goût puissant qui peut étouffer tous les autres ingrédients s'il est utilisé en grande quantité. Il accompagne bien les autres arômes forts comme le vin et l'ail, les féculents (pain, petits gâteaux, pommes de terre), les viandes riches comme l'agneau, le porc, le canard et le gibier, et les légumes comme les aubergines et les courgettes. On l'ajoute aussi dans les saucisses, les farces, les soupes et les ragoûts, ou dans le vinaigre ou l'huile pour les aromatiser. Les feuilles ont une texture un peu ligneuse, et il faut donc les ciseler finement. Vous pouvez aussi utiliser les brins entiers ou mettre les feuilles dans un carré de mousseline et les retirer avant de servir. Le romarin séché a une saveur similaire au romarin frais, mais sa texture plus dure peut résister à la cuisson, même longue. Le romarin est très courant en Italie. Préparez un accompagnement tout simple et délicieux avec de fines tranches de pomme de terre, de l'ail écrasé et des feuilles finement ciselées de romarin.

ROSE

Rosa spp. Rosacées

Dix tonnes d'eau de rose sont utilisées chaque année, pendant le hadj, pour laver les murs de la ville sainte de La Mecque. Mais l'eau de rose sert aussi à aromatiser gâteaux et entremets.

Jardinage

Ce sont les rosiers anciens, et non les hybrides modernes, que l'on préfère en cuisine, en parfumerie et en phytothérapie. À l'exception de l'églantier commun, ces vieilles variétés sont originaires du Moyen-Orient et de l'Asie orientale ; elles sont cultivées depuis si longtemps que leurs noms et leurs origines exactes sont souvent mal connus. Tous ces rosiers sont résistants, et, si la plupart ne fleurissent qu'une seule fois, au début de l'été, ils méritent néanmoins leur place au jardin.

- **Variétés**

La rose de France ou **rose de Provins** (*Rosa gallica* var. *officinalis*) est un arbrisseau qui fleurit librement, à fleurs semi-doubles d'un rose intense. C'est la plus ancienne des roses de jardin, remontant à l'Antiquité. Elle était plantée dans tous les jardins de monastères d'Europe. Du XIIIe au XIXe siècle, elle était cultivée dans de grands champs autour de la ville de Provins, au sud-est de Paris, pour la fabrication de conserves, gelées, sirops, liqueurs, pastilles, parfums, savons, crèmes et bougies. Les pétales, toniques et astringents, sont prisés par la médecine depuis des siècles. Parfois appelée rose rouge de Lancaster, elle garde son parfum intense une fois séchée. La forme striée 'Versicolor' est populaire dans les jardins. Parmi les autres galliques, 'Tuscany Superb' ou 'Old Velvet' ont des fleurs rouge bordeaux semi-doubles et plates, et 'Belle de Crécy', presque sans épines, des fleurs roses très parfumées. Originaire du Moyen-Orient, la **rose de Damas** (*R. x damascena*), en référence à la ville du même nom, fut rapportée par les croisés. Elle est utilisée pour la distillation de l'huile essentielle, également appelée essence de rose ou attar, d'après un procédé inventé par le médecin et philosophe persan Avicenne au XIe siècle. Historique, l'attar de rose est fabriqué principalement en Iran, où est cultivée la rose de Damas classique, un arbrisseau vigoureux et arqué à fleurs semi-doubles rose pâle, ainsi que les formes améliorées comme 'Gloire de Guilan' et 'Ispahan', à fleurs rose clair qui tiennent plus longtemps. La Bulgarie est un autre pays producteur important, où est surtout cultivée une forme très productive nommée 'Kazanlik', encore appelée 'Professeur Émile Perrot' ou 'Trigintipetala'. La région de Grasse, dans le sud de la France, produit toujours une essence de rose extraite de la **rose à cent feuilles**, encore appelée rose de Provence ou rose de mai *(R. centifolia)*. C'est un hybride qui contient un peu de rose de Damas 'Quatre Saisons', à feuillage gris-vert et aux fleurs très parfumées. C'est avec celle-ci que l'on fabrique au Maroc et en Tunisie l'eau

Les cynorrhodons

Les variétés de Rosa rugosa sont très productives et résistent aux emplacements exposés et côtiers. Elles sont remontantes et portent des grappes de cynorrhodons de la taille de cerises, délicieux en sirop ou en tisane. Les autres rosiers à fruits, dont les rosiers églantiers (R. canina) et les roses églantines (R. rubiginosa syn. R. eglanteria), sont utilisés pour la fabrication d'huile de cynorrhodon (parfois appelée huile de rose musquée). Antioxydante et astringente, elle est très riche en acides gras essentiels, en flavonoïdes et en caroténoïdes.

distillée de rose. En Europe, la production d'huile biologique de rose utilise 3 variétés principales : 'Kazanlik', classique, 'Roseraie de l'Haÿ' (une variété de *R. rugosa*), robuste et à fleurs pourpres, et 'Louise Odier', une rose bourbon lilas rosé, très parfumée, la meilleure variété pour la confiture de pétales de rose.

Le très bel églantier Rosa canina produit l'huile de cynorrhodon, aussi appelée huile de rose musquée, qui aide à garder une peau douce et souple.

- **Emplacement** Les variétés anciennes préfèrent un vieux limon argileux, enrichi de compost ou fumier bien pourri. Les *rugosa* aiment des sols plus légers, tolèrent une terre saline et font de belles haies. Toutes ces fleurs fleurissent mieux en plein soleil.
- **Multiplication** Prélevez des boutures ligneuses en hiver.
- **Soins** Taillez les rosiers anciens juste après la floraison, car ils fleurissent sur bois à maturité. En hiver, coupez à la base toutes les vieilles tiges qui ne produisent plus et raccourcissez d'un tiers les jeunes pousses très longues. Les *rugosa* fleurissent et ont des fruits en automne ; il faut donc tailler les arbustes ou les haies en hiver. Étalez un paillis après avoir taillé.
- **Parasites et maladies** Les principaux problèmes sont les taches noires sur les feuilles et les pucerons sur les boutons de rose.
- **Récolte et conservation** Cueillez les roses quand elles viennent de s'ouvrir, par un matin ensoleillé et dès la rosée évaporée. Séchez les pétales à plat sur des plateaux couverts de papier, à l'abri du soleil. Cueillez les cynorrhodons quand ils sont très colorés, et faites-les sécher de la même façon.

En cuisine

Les pétales comestibles des vieilles roses font de délicieuses confitures (voir la recette de gelée de pétales de rose, page 120) ou sont ajoutés aux salades de fruits et autres desserts (pensez à couper le talon amer à la base des pétales). Les pétales peuvent aussi être cristallisés et utilisés en décoration. Certaines variétés, dont *R. canina*, *R. x damascena* et *R. gallica*, ont des fruits ou cynorrhodons et des pétales comestibles. Riches en vitamine C, les cynorrhodons donnent des confitures, des gelées des sirops qui sont d'excellents compléments nutritionnels pour les bébés. Pensez à enlever les graines, qui ont des poils irritants (le poil à gratter). Certaines sortes de ras el-hanout, le mélange d'épices marocain (voir page 112), contiennent des pétales et des boutons de rose séchés.

Le loukoum

L'eau de rose est un produit dérivé de la distillation des pétales en essence. C'est un arôme culinaire très utilisé au Moyen-Orient et dans certains pays d'Asie, notamment en confiserie, où il entre dans la composition du loukoum en Turquie, ou des rasgullas et gulab jamuns en Inde. Le loukoum est une confiserie collante, à consistance de gelée ferme, à base de sucre et de fécule, traditionnellement aromatisée à l'eau de rose et saupoudrée de sucre glace. Il existe des variantes à la menthe et au citron. Il fut introduit en Europe par un Britannique grand amateur de cette friandise.

SAFRAN

Crocus sativus Iridacées

Le safran est l'épice la plus chère au monde. Un kilo de safran séché représente 150 000 fleurs et 400 heures de cueillette manuelle, faite selon un processus inchangé, vieux de plus de 4 000 ans.

Jardinage

Le crocus safran est une plante vivace résistante, à cormes, de 5 cm de diamètre et portant 1 à 4 fleurs parfumées lilas veinées de violet, à filaments violets, anthères jaunes, et à style rouge à 3 branches. Il fleurit en automne, puis 5 à 11 feuilles linéaires dressées apparaissent, qui poussent tout l'hiver avant de mourir à la fin du printemps. Les crocus safran n'existent pas dans la nature. *Crocus sativus* est un triploïde stérile dérivé du grec *C. cartwrightianus*, cultivé sélectivement en Crète depuis l'âge du bronze (début du IIIe millénaire avant J.-C.).

- **Variétés** 'Cashmirianus' est une souche très productive originaire du Cachemire, à grandes cormes et fleurs bleu-violet, avec des styles orange intense.
- **Emplacement** Il préfère un sol bien drainé, léger, riche et neutre, en plein soleil. Il a besoin de chaleur et de sécheresse en période de dormance.
- **Multiplication** Ôtez les pousses du corme adulte au printemps, et plantez-les.
- **Entretien** Pour favoriser la floraison, plantez les cormes à 15 cm de profondeur en les espaçant de 10 cm chacun. Les crocus safran fleurissent mal dans les régions où l'été est frais et nuageux. Désherbez bien. Rempotez les plantes en pots tous les automnes.
- **Parasites et maladies** Les crocus safran sont sujets aux maladies fongiques. Les cormes peuvent être mangés par les rats et les souris.
- **Récolte** Les fleurs sont cueillies le jour de leur éclosion, et les styles, prélevés pour être séchés. Conservez-les en pots hermétiques dans un endroit frais, 1 an maximum.

Cuisine

Le safran donne aux mets une saveur particulière et une jolie couleur jaune d'or. C'est un ingrédient essentiel à de nombreux plats de riz comme la paella espagnole, le risotto milanais et le byriani indien. Il parfume aussi les ragoûts de poissons comme la zarzuela espagnole ou la bouillabaisse. Enfin, il aromatise et colore les gâteaux, les biscuits, les pains, les puddings et les gourmandises orientales.

Safran séché.

L'or rouge

Surnommé l'or rouge par les Espagnols, le safran vaut vraiment son poids en or. À travers les siècles, il a été l'objet, en raison de son prix élevé, de nombreuses tricheries commerciales, par exemple y ajouter des fibres teintes de boeuf ou de grenade. Les sentences infligées aux tricheurs étaient terribles : au XVe siècle, un marchand de Nuremberg qui avait vendu du safran dénaturé fut enterré vivant avec sa marchandise frauduleuse. Au Moyen Âge, Nuremberg (Allemagne), Valence (Espagne) et Saffron Walden (Royaume-Uni) étaient les capitales européennes de la culture du safran. Il est aujourd'hui cultivé principalement en Azerbaïdjan, en Espagne, en Grèce, au Maroc et dans l'Aquila, en Italie.

SARRIETTE

Satureja spp. Lamiacées

La sarriette passait pour responsable de l'énorme appétit sexuel des satyres dans la mythologie. Qu'elle ait ou non des effets aphrodisiaques, il est sûr qu'elle réveille la saveur des mets.

Jardinage

La sarriette est un genre regroupant une trentaine d'espèces, pour la plupart des petites plantes vivaces arbustives ou des plantes annuelles. Les sarriettes d'Europe du sud et d'Asie orientale contiennent des huiles rappelant le thym, tandis que celles du continent américain ont des arômes mentholés. Plusieurs espèces sont de jolies petites plantes résistantes, qui pourraient figurer dans tout jardin aromatique. Les espèces moins rustiques sont plus adaptées à une culture en pots.

- **Variétés**

La sarriette de jardin ou **sarriette commune** *(Satureja hortensis)* est une plante annuelle de 45 cm, à fines feuilles vert foncé et à fleurs blanc-rose. **La sarriette sauvage** ou **sarriette de montagne** *(S. montana)* est un sous-arbuste à feuilles semi-persistantes, aux feuilles étroites vert foncé et aux fleurs blanches. Une jolie forme de *S. montana* à fleurs mauves est appelée 'Purple Mountain'. **La sarriette rampante** (*S. spicigera* syn. *S. repanda*) forme un tapis en s'étalant et ressemble à de la bruyère blanche quand elle fleurit à l'automne. **La sarriette de Crète**, aussi appelée za'atar rumi *(S. thymbra)*, est un arbrisseau aux branches raides, à grappes de fleurs roses et à petites feuilles hérissées grisâtres. De ces quatre principales sarriettes à l'arôme de thym et d'origan, *S. thymbra* dégage le parfum le plus intense, qui la rend essentielle à la préparation du za'atar au Moyen-Orient (voir page 43). La menthe indienne, ou yerba buena *(S. douglasii)*, est une plante vivace prostrée à feuilles persistantes, de l'ouest des États-Unis, à rameaux tombants et à feuilles arrondies parfumées. La menthe du Costa Rica ou de la Jamaïque *(S. viminea)* est une espèce de 1,50 m, à petites feuilles vert vif au parfum mentholé. Avec la menthe indienne, elle est utilisée localement contre les troubles digestifs.

- **Emplacement** Les sarriettes préfèrent être en plein soleil et dans un sol bien drainé, neutre à calcaire, sauf *S. douglasii* et *S. viminea*, qui ont besoin d'un sol humide et d'ombre. Dans les régions froides, la première pousse mieux dans un panier suspendu et protégé en hiver ; la deuxième déperrit à moins de 10 °C.
- **Multiplication** Toutes les espèces peuvent être semées au printemps, en terre peu profonde. Les vivaces peuvent aussi être bouturées en été.
- **Entretien** Taillez les plantes arbustives au début du printemps pour favoriser les nouvelles pousses.
- **Parasites et maladies** Pas de problème majeur.
- **Récolte et conservation** Vous pouvez couper les plants de *S. hortensis* avant floraison, et les faire sécher. Récoltez les feuilles fraîches des autres espèces, et faites sécher ou surgeler.

En cuisine

Les sarriettes de jardin et de montagne ont le même arôme poivré rappelant le thym. La sarriette séchée ne perd pas son goût ; c'est un élément essentiel du mélange « herbes de Provence ». Ajoutez de la sarriette aux sauces, pâtés et saucisses maison. Elle accompagne les lentilles et les pois, les soupes, les ragoûts, les pains de viande et les œufs. Ajoutez-en dans vos marinades, pour enrober les viandes délicates comme le veau ou encore le poisson. En Croatie, on ajoute un brin de sarriette parfumée au citron aux poissons ou aux fruits de mer.

SAUGE

Salvia spp. Lamiacées

Cette plante herbacée est riche en composants qui aident à soulager et à soigner. Elle est aussi précieuse en cuisine.

Jardinage

Il existe plus de 900 variétés de sauge, dont de nombreuses ont une floraison spectaculaire, et sont une source riche en nectar pour les abeilles, les papillons et les oiseaux. Elles diffèrent l'une de l'autre, arbuste à feuilles persistantes ou plante vivace, annuelle ou bisannuelle. La plupart ont des feuilles aromatiques, au parfum rappelant le romarin ou la lavande, mais aussi le pin, l'eucalyptus ou divers fruits. Beaucoup sont résistantes, et certaines sont parfaites dans les bordures estivales ou en pots.

- **Variétés**

La sauge officinale *(Salvia officinalis)* est l'une des herbes culinaires les plus familières. Elle a un agréable goût relevé, et c'est un puissant antioxydant. Originaire du bassin méditerranéen, notamment des rives de l'Adriatique, la sauge officinale a des feuilles gris-vert et des grappes de fleurs bleu-violet. Il existe des variantes à fleurs roses ('Rosea') et blanches ('Albiflora'). Plusieurs variétés à feuillage ornemental font de superbes petites plantes à feuilles persistantes pour les bordures et les bacs, dont 'Berggarten', à grandes et larges feuilles, 'Purpurea', à feuilles violettes, 'Tricolor', panachée blanc crème et rose, et 'Icterina', panachée dorée.

La sauge de Grèce, ou ligneuse *(S. fruticosa)*, ressemble à la sauge officinale bien que moins résistante, et ses feuilles ont une paire de lobes ou petites folioles à la base. Elle a un délicieux arôme de lavande et est commercialisée séchée.

La sauge à feuilles de lavande *(S. lavandulifolia)* ressemble à une sauge officinale à feuilles étroites. Elle a un parfum de lavande et de sauge, et on extrait son huile pour la parfumerie.

La sauge sclarée *(S. sclarea)*, bisannuelle, est sans doute l'une des plus belles sauges. Elle forme une grande rosette de larges feuilles ovales, veloutées et veinées, et ses pointes florifères denses et hautes se dressent ornées de fleurs roses à blanches, avec des bractées voyantes mauve-rose. Les feuilles très parfumées donnent aux liqueurs, vins et vermouths une saveur musquée. Son huile essentielle est utilisée en parfumerie. Dans l'eau, les graines sont mucilagineuses et étaient autrefois utilisées pour nettoyer les yeux.

La sauge blanche *(S. apiana)* est un sous-arbrisseau semi-résistant à feuilles argentées, originaire des déserts du sud-ouest des États-Unis. Les Amérindiens utilisaient ses feuilles comme arôme, pour réduire la formation de glaires et la salivation, ou encore comme smudges (fagotins d'herbes séchées à fumigation) dans les cérémonies de purification.

Les sauges « chia » sont cultivées pour leurs graines nutritives, qui peuvent êtres germées, utilisées en pâtisserie ou trempées dans l'eau pour faire des boisons rafraîchissantes. Le chia doré *(S. columbariae)* est une annuelle semi-résistante du sud-ouest des États-Unis et d'Amérique centrale. Il y a aussi *S. polystachya* et *S. hispanica*, une herbe importante pour les Aztèques, qui consommaient ses petites graines huileuses sans gluten, très riches en acides gras oméga-3 (acides alpha-linoléiques), en antioxydants, en vitamines, en minéraux et en fibres. Certaines sauges ont de délicieux arômes qui rappellent les fruits.

La sauge ananas (*S. elegans* 'Scarlet Pineapple' syn. S. rutilans) a des grappes de fines fleurs rouges et des feuilles sentant l'ananas. La sauge pêche *(S. dorisiana)*, aux grandes feuilles et aux fleurs rose vif, sent la salade de fruits. Toutes deux peuvent parfumer des boissons et garnir des desserts. Faites-les pousser dans de grands bacs, et veillez à ce que la température ne descende pas sous 5 °C en hiver.

'Tangerine' est une variété de sauge ananas, plus résistante, au parfum de citrus, qui survit à des températures de – 5 °C, voire au-dessous.

Les sauges chinoises, deux sauges orientales médicinales connues sous le nom de dan shen en Chine, font de belles plantes décoratives. Il y a la sauge chinoise *(S. miltiorhiza)* à racines rouges, à feuilles vert foncé nervurées et pennées et à fleurs bleu-violet, et *S. przewalskii*, à douces feuilles vert clair et à grandes fleurs mauve-bleu. Ces deux sauges sont des plantes vivaces résistantes.

- **Emplacement** La plupart des sauges, notamment les espèces à feuilles grises, ont besoin de soleil et d'un sol bien drainé. Les espèces moins résistantes poussent bien en pots si elles sont à la lumière. Prenez des pots en terre et mettez du terreau, avec de l'engrais à diffusion lente.
- **Multiplication** Les sauges sont semées ou bouturées (boutures de bois tendre ou demi-aoûtées). Les plantes vivaces peuvent être divisées au printemps. En vieillissant, la plupart des sauges arbustives prennent un aspect raide et décharné. Mieux vaut les planter tous les 3 ou 4 ans.
- **Soins** Pensez à tailler et pincer les sauges arbustives, notamment après la floraison. Ne mettez pas trop d'engrais.
- **Parasites et maladies** Un flétrissement soudain est le signe d'un drainage insuffisant et de racines pourries. Les sauges cultivées sous serre ou dans un jardin intérieur sont sujettes à la mouche blanche, aux pucerons et à l'araignée rouge.
- **Récolte et conservation** Récoltez les feuilles et les fleurs pour usage culinaire à tout moment. Faites sécher les feuilles et les brins avant floraison en les étalant sur un plateau, dans un endroit aéré, puis conservez-les dans des pots hermétiques.

Sauge officinale *(Salvia officinalis)*.

Cuisine

C'est la sauge officinale *(S. officinalis)* que l'on utilise le plus en cuisine. Son parfum est très relevé, et sa saveur, intensifiée par le séchage, est salée avec des notes camphrées. Elle convient en particulier aux plats riches comme le canard, le poulet et le porc (surtout farcis), aux viandes rouges, aux flageolets, aux aubergines, aux sauces à la tomate, aux potées et aux soupes ; ayez la main légère pour les plats mijotés. On la trouve aussi dans les préparations toutes prêtes pour farce et les mélanges d'herbes séchées à l'italienne. Les feuilles frites peuvent être utilisées comme garniture. La sauge est plus populaire dans la cuisine italienne que dans la cuisine française.

Au Moyen-Orient, on en met dans les salades. La tisane de sauge est répandue dans de nombreux pays. En Dalmatie, dans le sud-est de l'Europe, la sauge pousse dans la nature et ses fleurs servent à produire du miel.

SHISO

Perilla frutescens syn. *P. ocimoides* Lamiacées

Le shiso est une herbe essentielle à la cuisine japonaise. L'huile volatile extraite des feuilles contient un composant au pouvoir sucrant 20 000 fois plus puissant que le sucre, utilisé comme édulcorant au Japon.

Jardinage

Le shiso est une plante annuelle élancée, résistante au froid, haute de 60 à 120 cm. Ses feuilles aromatiques, très dentelées, larges et ovales, sont vertes avec souvent une tache violette. Les petites fleurs blanches sont disposées sur des pointes denses de 10 cm de long. Les formes colorées et à feuilles frisées sont des plantes ornementales de plus en plus populaires, en pots ou pour les bordures.

- **Variétés** *Perilla frutescens* var. *crispa* a des feuilles frisées bronze-violet et des fleurs roses. Certains clones ont des feuilles au parfum de cumin et de cannelle, d'autres rappellent le gingembre. 'Akajiso' (ou shiso rouge), à grandes feuilles rouges à violettes, aromatise et colore les condiments. 'Kkaennip' (ou shiso coréen), à grandes feuilles, est mangé cru ou cuit comme un légume, ou encore employé comme papillote pour la viande.
- **Emplacement** Le shiso aime les sols humides, bien drainés et compostés, au soleil ou partiellement ombragé.
- **Multiplication** Semez les graines au printemps par 13-18 °C. Repiquez quand les plants sont assez grands et que la plante ne risque plus le gel.
- **Entretien** Pincez les pointes florifères initiales pour encourager la croissance de la plante.
- **Parasites et maladies** S'il est cultivé à l'intérieur, en pots, le shiso est sujet à la mouche blanche.
- **Récolte et conservation** Récoltez les feuilles en été. On les utilise généralement fraîches. Cueillez les pointes florifères avant que les fleurs éclosent, et les graines en automne. Les feuilles peuvent provoquer des dermatites chez les personnes sensibles.

Cuisine

Les feuilles fraîches de shiso sont préparées crues en salade, en garniture et dans les condiments. Le shiso rouge contient des composants teintés qui servent à colorer la nourriture en rose et qui sont aussi des agents conservateurs. Les graines et les feuilles ont des propriétés antibactériennes qui aident à se protéger des empoisonnements alimentaires par les fruits de mer ou les poissons crus (sashimis). Les pointes florifères vertes sont cuisinées dans les soupes ou en tempura, tandis que les graines sont germées pour les salades ou salées en condiment.

Cuisine japonaise

Au Japon, les feuilles de shiso servent à envelopper certaines spécialités comme les sushis. On les utilise aussi pour colorer et aromatiser les prunes au vinaigre et le gingembre japonais, dit mioga. Le shiso rouge est plus utilisé en cuisine que le vert, mais ce dernier est préféré en garniture. Il existe différentes variétés de shisos, utilisées par les cuisines thaïlandaise, indonésienne, vietnamienne et coréenne.

SUREAU NOIR

Sambucus nigra Caprifoliacées

Le sureau permet de prévenir et de guérir les infections. Les variétés de jardin ont un beau feuillage ; leurs fleurs et fruits sont utilisés pour fabriquer des boissons et des arômes.

Jardinage

Le sureau est un arbuste, ou petit arbre, très résistant, à tronc ramifié, à branches fragiles et à feuilles composées vert foncé malodorantes. Aux petites inflorescences blanc crème, qui rappellent de petites dentelles, succèdent des baies rondes et noires. Les feuilles, les tiges, les baies vertes et les racines sont toxiques. La consommation des baies crues entraîne des vomissements. Les sureaux poussent vite et supportent des conditions climatiques sèches ou humides, ainsi que des sols calcaires pauvres.

- **Variétés** Il existe plusieurs variétés ornementales : la variété 'Aurea', aux feuilles dorées ; la variété 'Guincho Purple', au feuillage pourpre et aux fleurs légèrement rosées ; la variété 'Aureomarginata', aux feuilles panachées de blanc ; le sureau à feuilles de persil ou à feuilles découpées 'Laciniata'.
- **Emplacement** Le sureau préfère un sol humide mais bien drainé, riche en humus, et le plein soleil à la mi-ombre.
- **Multiplication** Ramassez les graines fraîches en automne, ou stratifiez de vieilles graines pendant 4 semaines. Autrement, procédez par prélèvement de rejets, par boutures demi-aoûtées en fin d'été ou par boutures de bois mûr à la fin de l'automne.
- **Entretien** Un bon élagage en fin d'hiver profite aux variétés ornementales pour encourager la venue d'un nouveau feuillage vigoureux et coloré. Pour optimiser la floraison et les fruits, ayez la main plus légère : coupez les vieilles tiges et les rameaux mal placés ou croisés.
- **Parasites et maladies** Le sureau est résistant à l'armillaire couleur de miel. Les feuilles ont été utilisées pour fabriquer des sprays insecticides mais, en dépit de ses effets insectifuges, il peut être attaqué par la mouche noire.
- **Récolte et conservation** Ramassez les baies quand elles sont noires. Elles se surgèlent bien. Vous pouvez aussi les préparer en sirop. Cueillez les fleurs un matin sans rosée, étalez les têtes de fleur sur du papier absorbant, et laissez-les au sec, au chaud et à l'ombre pendant plusieurs jours. Avec une fourchette, séparez autant que possible les tiges des fleurs et des baies, car la tige a mauvais goût.

En cuisine

Utilisez des fleurs séchées ou fraîches pour préparer du vin de sureau, du sirop ou des tisanes. On peut également les ajouter aux compotes de fruits, aux gelées et aux confitures ; elles exacerbent les arômes de la groseille et de la rhubarbe. Les baies font un délicieux vin rouge, et peuvent être mélangées à d'autres fruits dans des tartes et crumbles.

Marmelade de sureau.

THYM

Thymus spp. Lamiacées

Il existe un nombre incroyable d'espèces de thyms aromatiques, aux multiples parfums, saveurs et usages, culinaires, médicinaux, mystiques ou magiques.

Jardinage

Il existe plus de 350 espèces de thym, dont beaucoup sont riches en huile essentielle. Les thyms cultivés sont souvent variables, des hybrides complexes dont les noms sont l'objet de confusions. Leur robustesse varie, mais ce sont tous des plantes et des sous-arbrisseaux vivaces à rameaux serrés et à feuilles persistantes qui ont besoin de soleil et, pour la plupart, adoptent des formes rampantes ou buissonnantes. La majorité sont de petites plantes, qui poussent facilement sur le devant d'une bordure ou dans les coins et les recoins des chemins et des dallages. Ils se plaisent bien en pots et résistent à la sécheresse. Les thyms à fleurs sont mellifères et attirent les abeilles en nombre.

- **Variétés**

Le thym commun *(Thymus vulgaris)* est la principale espèce culinaire et médicinale. Il a de très petites feuilles étroites ovales, lancéolées, et des fleurs blanches à mauve formant comme des épis. Parmi les formes existantes, on dénombre : 'Silver Posie', au doux feuillage panaché vert et blanc, et aux fleurs rose-mauve ; 'Aureus', à feuilles maculées d'or ; 'Erectus', qui pousse droit et haut ; 'Fragrantissimus', ou thym orange, un hybride au feuillage fin et droit sentant le citron.

Le thym de Corse ou thym carvi *(T. herba-barona)* est un thym tapissant rêche à très petites feuilles presque brillantes, à fleurs lavande et au parfum de cumin.

L'origan d'Espagne ou thym za'atar (*T. capitatus* syn. *Coridothymus capitatus*) est un sous-arbrisseau compact et très parfumé, avec de très petites feuilles rigides presque charnues et des grappes coniques de fleurs rose intense. Il a une odeur forte qui est à l'origine de l'huile d'origan d'Espagne. Il ne supporte pas l'humidité hivernale et pousse mieux en pot, protégé de l'humidité.

Le thym à senteur de lavande ou marjolaine sylvestre *(T. mastichina)* forme un sous-arbrisseau érigé, net et gris, au fort parfum de thym origan, dont certains chémotypes sont très proches de ceux de la lavande et de l'eucalyptus. Il résiste au gel mais n'aime pas l'humidité hivernale. Mieux vaut le cultiver en pot. Son arôme robuste convient au barbecue.

Le thym citron *(T. x citriodorus)* est une plante buissonnante à feuilles vert gazon, qui s'étale, et aux parfums de citron et de thym. Ses fleurs éparses sont mauve lilas. Les deux variétés les plus connues sont 'Silver Queen', panachée de blanc, et 'Golden King', panachée de jaune. Toutes deux survivent difficilement à l'hiver et sont donc mieux cultivées en pots.

Le thym au citron *(T. pulegioides)* est un sous-arbrisseau étalé, à grandes feuilles elliptiques, et à inflorescences dressées de fleurs mauve. Il est variable en apparence et en arôme, certains dégageant des parfums de thym et d'origan, d'autres des senteurs plus camphrées. Les variétés comprennent : 'Foxley', panachée blanc ; 'Bertram Anderson' syn. 'Anderson's Gold', doré et bas ; 'Archer's Gold', au parfum citronné et au feuillage jaune vif en été.

Le thym des Açores (*T. caespititius* syn. *T. azoricus*, *T. micans*) constitue un tapis dense ressemblant à de la mousse et au parfum d'orange amère, à fleurs blanches à roses ou mauves.

Le thym serpolet *(T. serpyllum)* est originaire du nord de l'Europe. Les variétés rampantes concernent deux espèces : le véritable thym serpolet *T. serpyllum*, très aromatique et utilisé en phytothérapie, et *T. praecox* subsp. *Arcticus*, presque sans odeur. Il existe de nombreuses variétés de thyms tapissants à feuillage ornemental et dans une large gamme de couleurs de fleurs, du rouge cerise de 'Coccineus' au blanc pur de 'Snowdrift'.

Thym commun *(Thymus vulgaris)*.

- **Emplacement** Un sol bien drainé et du soleil sont nécessaires.
- **Multiplication** Cultivez les espèces en semant au printemps. Les variétés sont bouturées en été. Mieux vaut procéder par division au printemps pour les thyms rampants ou tapissants.
- **Entretien** Désherbez régulièrement. Multipliez les formes buissonnantes tous les 3 ou 4 ans quand ils ont trop de rameaux et deviennent moins productifs. En hiver, pensez à retirer les feuilles des plantes à feuilles caduques tombées sur le thym pour empêcher que le feuillage pourrisse.
- **Parasites et maladies** Trop d'humidité fait pourrir les racines et le feuillage.
- **Récolte et conservation** Cueillez les brins de thym à tout moment pour les utiliser frais. Cueillez les brins fleuris pour les faire sécher en bouquets ou à plat sur des plateaux, à l'abri de la lumière. Une fois secs, effeuillez et mettez les feuilles dans des pots. Séché, le thym conserve bien son arôme.

En cuisine

Le thym est une herbe essentielle du bouquet garni et des herbes de Provence. C'est une herbe très présente dans la cuisine méditerranéenne, dans les ragoûts au four et dans les plats de viande, de volaille ou de gibier. Il peut dominer les autres arômes, donc il s'accommode bien d'ingrédients robustes comme l'oignon, le vin rouge ou l'ail. Mettez du thym dans vos terrines, pâtés, gâteaux de viande, marinades (en particulier avec les olives), les plats de tomates et d'aubergines, et les soupes épaisses de légumes. Le thym séché est parfois contenu dans les jambalayas et les gumbos de la cuisine créole ou cajun. On utilise d'autres thyms comme aromates. Le thym citronné a une saveur délicate qui complète bien le poisson et le poulet.

Vous pouvez cultiver le thym en pot ou en bordure dans le jardin.

VANILLE

Vanilla planifolia Orchidacées

Les orchidées constituent la plus grande famille de plantes à fleurs, mais peu sont commercialisées en tant que plantes aromatiques. La vanille est la première d'entre elles, et c'est l'une des saveurs préférées dans le monde.

Jardinage

La vanille est une plante tropicale robuste à feuilles persistantes. Elle a des tiges grimpantes en zigzag, des racines aériennes, et des feuilles oblongues, charnues et pointues de 8 à 25 cm. Les fleurs parfumées vert pâle à blanc, de 5 cm d'ouverture et à lèvre jaune, apparaissent en série, disposées sur les racèmes axillaires.

- **Variétés** La vanille panachée (*Vanilla planifolia* 'Variegata') a des rayures irrégulières jaune-vert sur les feuilles et les tiges. Elle fait une jolie plante grimpante sur un mur de serre.
- **Emplacement** Un sol très bien drainé et très humide, une atmosphère moite, une ombre partielle et 15 °C minimum en hiver sont nécessaires. Le support de culture à orchidée est disponible chez les pépiniéristes spécialisés, pour mettre en pots les orchidées qui dépérissent. Utilisez un compost végétal à base de mousse de sphaigne.
- **Multiplication** Coupez les sections de tiges avec 1 ou 2 nœuds et quelques racines aériennes. Posez sur un plateau de perlite ou de mousse de sphaigne, puis dans une miniserre à 25-30 °C jusqu'à ce que des racines se développent.
- **Entretien** Gardez plutôt au sec par température basse. Arrosez librement. Gardez au chaud et à l'humidité pendant la croissance.
- **Parasites et maladies** La vanille est sujette à la pourriture des racines, aux insectes à écailles et aux cochenilles.
- **Récolte et conservation** Les gousses sont ramassées quand elles sont pleinement développées mais encore vertes. Elles sont ébouillantées avant de fermenter et de sécher. Gardez les gousses dans un pot hermétique et sombre, et utilisez-les dans les 3 mois.

En cuisine

La vanille est indispensable dans la crème anglaise, les glaces, les yaourts, les desserts crémeux, les confiseries, les gâteaux et les biscuits. Après avoir fendu une gousse et en avoir retiré les graines, mettez-la dans un pot de sucre en poudre qui parfumera vos pâtisseries. La vanille est délicieuse avec les fruits cuits au four et même le poisson. Elle aromatise aussi les boissons sucrées et les liqueurs comme le Galliano. Par ailleurs, elle est largement utilisée en parfumerie, pour les parfums d'intérieur, pour les bougies

Le goût du divin

La vanille est originaire du Mexique, où elle était utilisée pour parfumer le chocolat aztèque. Introduite en Europe par les Espagnols, elle fut ensuite plantée dans différentes régions tropicales au temps des colonies. Or les plants de vanille prenaient mais ne produisaient pas de gousses. En 1841, la pollinisation à la main fut inventée par un jeune esclave de 12 ans, Edmond Albius, sur l'île de La Réunion. Une découverte cruciale. La pollinisation manuelle est toutefois une technique longue et compliquée. Une fois fécondée, chaque fleur développe une gousse allongée et pendante, qui met 5 à 6 semaines à mûrir. Après la récolte suit un procédé complexe de fermentation de 6 mois. Un processus accéléré sur 40 jours permet de produire des gousses de moindre qualité pour fabriquer des extraits de vanille.

VERVEINE CITRONNELLE

Aloysia citriodora syn. *A. triphylla,*
Lippia citriodora Verbénacées

Le délicieux parfum citronné de cette herbe a longtemps été recherché pour les tisanes, les liqueurs, les plats cuisinés, les pots-pourris et les parfums.

Jardinage

Résistante au froid, la verveine citronnelle se présente comme un buisson à feuilles caduques. Ses branches sont arquées et ses feuilles, terminées en pointe, disposées en verticilles de 3 autour de la tige. En été, elle porte des panicules terminales de petites fleurs à 4 pétales, blanches ou mauve pâle.

- **Emplacement** La verveine citronnelle a besoin de plein soleil, d'un endroit abrité et de terreau perméable au pH plutôt neutre.
- **Multiplication** Procédez par boutures herbacées en été.
- **Entretien** La verveine citronnelle est endommagée par le gel et nécessite un paillis par hiver froid. Sinon, elle peut être cultivée en pot et mise à l'abri pendant la période de dormance hivernale. Taillez pour conserver une forme régulière au printemps. Les buissons se couvrent de feuilles tardivement : prenez garde à ne pas les mettre au rebut trop vite.
- **Parasites et maladies** Sous serre, la verveine citronnelle est sujette à la mouche blanche et à la mite araignée.
- **Récolte et conservation** Les feuilles peuvent être récoltées à tout moment, pour être utilisées fraîches ou séchées à l'air libre.

En cuisine

Les feuilles de verveine citronnelle sont meilleures fraîches et jeunes. Utilisez-les en petite quantité car leur goût intense tend à dominer les mets. Elle est préparée en tisane pour sa saveur parfumée et peut se substituer à la citronnelle dans de nombreuses recettes asiatiques. Ses feuilles finement ciselées apportent une note citronnée aux desserts crémeux, salades de fruits, desserts fruités et boissons. Vous pouvez les faire infuser dans des crèmes anglaises et autres nappages sucrés. Elles parfument aussi certaines recettes asiatiques, les plats de volaille ou les farces. Leurs propriétés relaxantes et digestives en font une excellente tisane du soir, après le dîner.

L'herbe sucrée

Lae grand herbier du monde recèle de nombreuses plantes extraordinaires plus sucrées encore que le sucre. L'une d'entre elles, de la famille des verbénacées, est l'herbe sucrée des Aztèques, une plante vivace délicate, semi-prostrée, aux fleurs blanches en petits capitules et aux feuilles ovales qui tournent au rouge sous le soleil. C'est une plante sauvage d'Amérique centrale, du Mexique et des Caraïbes. Ses feuilles contiennent de l'hernandulcine, au pouvoir édulcorant 3 fois supérieur au sucre et très camphrée. Les souches, également très camphrées, ont un goût déplaisant et ne doivent pas être ingérées car elles sont potentiellement toxiques, mais le chémotype cubain n'a qu'une teneur infime en camphre. L'herbe sucrée du Paraguay *(Stevia rebaudiana)* est une plante vivace haute, de la famille des astéracées. C'était la *yerba dulce* des Indiens Guaranís, qui en sucraient leur *yerba mate*, un thé à base d'une espèce de houx *(Ilex paraguariensis)*. Les stévias contiennent des stéviosides, au pouvoir sucrant jusqu'à 300 fois supérieur au sucre. On en trouve désormais facilement dans le commerce.

VIOLETTE ODORANTE

Viola odorata Violacées

On perçoit le parfum des violettes dans la brise printanière bien avant de voir les fleurs elles-mêmes. Ces fleurs ont aussi leur place dans l'Histoire et sont associées à la noblesse, aux maisons royales et aux empereurs.

Jardinage

Il existe environ 500 espèces de violettes, mais seule la violette odorante *(Viola odorata)* est comestible et utilisée en parfumerie, en aromathérapie et en médecine. Elle commença à être cultivée à grande échelle au XIXe siècle avec l'introduction de la violette suave *(V. suavis)*. D'importantes cultures étaient faites à Toulouse, où il existe une confrérie de la Violette. Les violettes odorantes sont des plantes résistantes et faciles à cultiver, sur le devant des bordures ou sous des arbres ou arbustes à feuilles persistantes. La violette de Parme résiste au gel et se plaît en pot, en plate-bande surélevée ou en couche froide. Le parfum est extrait des feuilles (absolue de violette) et des boutons (essence ou attar).

- **Variétés** Les violettes odorantes existent dans différentes formes : blanches ('Alba'), blanches et doubles ('Reine des Blanches'), et roses ('Rosea Group'). Il existe des hybrides historiques, à grandes fleurs sur longues tiges, comme 'Princesse de Galles' syn. 'Princess of Wales' (1889), à fleurs mauve intense et parfumées ; 'Czar Bleu', à fleurs bleu foncé ; 'Mrs Pinehurst', à fleurs violettes, hâtives ; 'Cœur d'Alsace', à fleurs rose-mauve ; 'Amiral Avellan', à fleurs rouge pourpré ; 'Mamola d'Udine', à grandes fleurs doubles, lavande. Les violettes de Parme ont des feuilles brillantes en forme de cœur et de grandes fleurs parfumées en abondance. Les meilleures variétés sont 'Comte de Brazza', blanches, 'D'Udine', bleu-mauve, et 'Duchesse de Parme' syn. 'Parme Ordinaire', lavande intense.
- **Emplacement** La violette a besoin d'un sol bien composté et humide. Le plein soleil en hiver favorise la floraison.
- **Multiplication** Détachez les rejets et plantez-les à part.
- **Entretien** Pensez à couper les têtes des variétés pour empêcher une hybridation entre les plants.
- **Parasites et maladies** Les plantes cultivées sous serre sont sujettes aux attaques d'araignées rouges.
- **Récolte et conservation** Cueillez les fleurs et les feuilles fraîches en saison.

En cuisine

Les fleurs fraîches sont cristallisées (voir page 124) ou transformées en sirops, gelées, vinaigres, glaces et confiseries. Les feuilles et les fleurs apportent une agréable touche de couleur aux salades ou peuvent être préparées en tisane.

Cristaux de sucre candi aromatisés à la violette.

RECETTES AROMATIQUES

Dans toutes les cuisines, plantes aromatiques et épices donnent une saveur unique aux plats. Embarquez pour un tour du monde culinaire grâce à cette sélection de recettes : accompagnements, entrées, plats, desserts et boissons.

HUILES AROMATIQUES

Des ingrédients de qualité donnent des huiles aux saveurs exceptionnelles. Les deux recettes à base de plantes culinaires classiques que nous vous donnons ici agrémenteront une grande variété de poissons et de viandes.

Huile à la citronnelle

1/2 c. à c. de zeste de citron vert
1 tige de citronnelle fraîche
2 gousses d'ail
3 lamelles de 5 mm de gingembre frais
500 ml d'huile d'arachide

RECETTE POUR 500 ML D'HUILE
Temps de préparation 10 minutes
+ 3 à 4 jours pour la macération

1 Râpez le zeste du citron vert. Écrasez légèrement la citronnelle, l'ail et le gingembre avec le plat d'un couteau. Mettez les plantes dans une bouteille de 500 ml et versez l'huile.

2 Laissez macérer 3 ou 4 jours. Conservez au frais et à l'abri de la lumière. Cette huile accompagne très bien le poisson et les fruits de mer.

Huile au romarin

2 ou 3 branches de romarin frais
3 gousses d'ail
3 feuilles de laurier frais
500 ml d'huile d'olive

RECETTE POUR 500 ML D'HUILE
Temps de préparation 15 minutes
+ 2 à 3 jours pour la macération

1 Écrasez légèrement le romarin, l'ail et les feuilles de laurier avec le plat d'un couteau et mettez-les dans une bouteille de 500 ml. Versez l'huile d'olive.

2 Laissez mariner 2 à 3 jours. Conservez au frais et à l'abri de la lumière. Cette préparation est idéale pour parfumer le porc et l'agneau.

VINAIGRES AROMATIQUES

Le prix et la qualité des vinaigres de vin sont très variables. Achetez toujours la meilleure qualité possible. Les recettes qui suivent utilisent, pour la plupart, du vinaigre de vin, mais vous pouvez essayer d'autres variétés selon vos goûts.

Vinaigre de riz à la coriandre

3 feuilles de combava frais
4 lamelles de 5 mm de galanga
2 gousses d'ail
15 à 20 feuilles de coriandre fraîche
250 ml de vinaigre de riz

RECETTE POUR 250 ML D'HUILE
Temps de préparation 10 minutes
+ 3 à 4 jours pour la macération

1 Écrasez légèrement les feuilles de combava, le galanga et l'ail avec le plat d'un couteau. Mettez les plantes, y compris les feuilles de coriandre, dans une bouteille de 250 ml et recouvrez-les de vinaigre.

2 Laissez macérer le tout pendant 3 ou 4 jours.

Vinaigre de vin rouge à l'estragon

15 feuilles d'estragon frais
10 baies de genièvre
500 ml de vinaigre de vin rouge

RECETTE POUR 500 ML DE VINAIGRE
Temps de préparation 10 minutes
+ 3 à 4 jours pour la macération

1 Écrasez légèrement les feuilles et les baies avec le plat d'un couteau. Mettez-les ensuite dans une bouteille de 500 ml. Recouvrez-les de vinaigre.

2 Laissez macérer le tout pendant 3 ou 4 jours.

Vinaigre au fenouil

4 branches de fenouil frais
1/4 de c. à c. de graines de fenouil
2 ou 3 piments séchés entiers
2 gousses d'ail
1 pincée de safran
500 ml de vinaigre de vin blanc

RECETTE POUR 500 ML DE VINAIGRE
Temps de préparation 10 minutes
+ 3 à 4 jours pour la macération

1 Mettez les feuilles et les graines de fenouil, les piments, l'ail et le safran dans une bouteille de 500 ml et recouvrez de vinaigre.

2 Laissez macérer le tout pendant 3 ou 4 jours.

PICKLES AUX PLANTES ET AUX ÉPICES

Beaucoup de pickles doivent leur goût puissant et bien typé aux épices, qui doivent être le plus fraîches possible pour obtenir les meilleurs résultats.

Confiture de piments

- 250 g de poivrons grillés, pelés et épépinés
- 2 piments rouges longs grossièrement hachés
- 1 petit piment rouge grossièrement haché
- 60 ml d'huile d'olive
- 1 petit oignon blond finement haché
- 2 gousses d'ail finement hachées
- 1 c. à s. de sucre de palme
- 1 c. à s. de sauce de poisson (nuoc mam)
- 2 c. à c. de pâte de tamarin
- 1 c. à s. de feuilles de coriandre fraîche ciselées
- 1 c. à s. de feuilles de menthe fraîche ciselées

RECETTE POUR 250 ML DE CONFITURE
Temps de préparation 5 minutes
Temps de cuisson 15 minutes

1 Mixez les poivrons et les piments dans un robot ménager jusqu'à obtenir une purée.

2 Faites chauffer l'huile à feu moyen dans une sauteuse. Faites-y cuire l'oignon pendant 1 à 2 minutes. Ajoutez l'ail et laissez cuire 30 secondes.

3 Ajoutez la purée de piments, le sucre, la sauce de poisson et le tamarin ; faites cuire le tout pendant 10 minutes à feu doux, en remuant de temps en temps avec une cuillère en bois. Incorporez les herbes. Mettez en bouteille. Servez avec les aliments cuits au barbecue.

Confit d'aubergines aux épices

- 2 c. à s. d'huile végétale
- 1 gros piment rouge finement haché
- 1 gousse d'ail finement hachée
- 1 c. à s. de gingembre finement haché
- 1 c. à c. de de curcuma
- 1 c. à c. de graines de moutarde
- 1 aubergine moyenne coupée en cubes de 1 cm
- 1 c. à c. de sel
- 60 ml de vinaigre de vin blanc
- 1 c. à c. de sucre
- 3 c. à s. de feuilles de coriandre fraîche grossièrement hachées

RECETTE POUR 500 ML DE CONFIT
Temps de préparation 5 minutes
Temps de cuisson 12 minutes

1 Faites chauffer l'huile à feu moyen dans une sauteuse. Faites-y cuire le piment, l'ail, le gingembre, le curcuma et les graines de moutarde pendant 1 minute, en remuant avec une cuillère en bois.

2 Ajoutez l'aubergine, le sel, le vinaigre, le sucre et 125 ml d'eau. Laissez cuire 10 à 12 minutes à feu doux ; ajoutez de l'eau si le mélange est trop sec.

3 Hors du feu, incorporez la coriandre. Conservez au réfrigérateur. Servez avec les œufs, le poulet ou le poisson.

Chutney de dattes, citron vert et menthe

- 1 c. à s. d'huile végétale
- 2 c. à c. de gingembre frais finement haché
- 1/4 de c. à c. de clous de girofle moulus
- 1/2 c. à c. de cannelle en poudre
- 1/2 c. à c. de cumin en poudre
- 1/2 c. à c. de flocons de piment
- 350 g de dattes dénoyautées grossièrement hachées
- 125 g de raisins secs
- 1 c. à s. de sucre
- 60 ml de vinaigre de vin blanc
- 125 ml de jus de citron vert frais
- Le zeste de 1 citron vert
- 2 c. à s. de feuilles de menthe ciselées

RECETTE POUR 500 ML DE CHUTNEY
Temps de préparation 5 minutes
Temps de cuisson 12 minutes

1 Faites chauffer l'huile à feu moyen dans une sauteuse. Faites-y revenir le gingembre, les clous de girofle, la cannelle, le cumin et le piment pendant 1 minute en remuant.

2 Ajoutez les dattes, les raisins secs, le sucre, le vinaigre, le jus de citron, le zeste et 250 ml d'eau. Faites cuire à feu doux, en remuant constamment jusqu'à ce que les fruits ramollissent.

3 Hors du feu, incorporez la menthe. Conservez au réfrigérateur. Servez avec la viande ou le fromage.

L'astuce du cuisinier

Achetez vos épices en petites quantités, conservez-les dans des récipients hermétiques, à l'abri de la lumière et de l'humidité, et renouvelez-les souvent pour qu'elles n'aient pas le temps de s'éventer.

BEURRES PARFUMÉS

Nous connaissons tous le beurre d'ail, mais on peut réaliser de merveilleux beurres parfumés avec beaucoup d'autres plantes. Sur du pain croustillant ou pour accompagner des légumes ou de la viande cuite au barbecue, ils réjouiront votre palais.

Beurre à la sauge

- 250 g de beurre ramolli
- 1 c. à s. de feuilles de sauge fraîche ciselées
- 3 c. à s. de feuilles de persil plat frais ciselées
- 10 olives vertes moyennes dénoyautées
- 30 g de noix ou d'amandes finement pilées
- 2 filets d'anchois finement hachés

RECETTE POUR 250 G DE BEURRE
Temps de préparation 10 minutes

1 Mélangez le beurre ramolli avec tous les ingrédients dans un bol jusqu'à obtenir une préparation lisse.

2 Placez le tout sur une feuille de film plastique étirable de 20 cm de long. Formez un boudin d'environ 5 cm de diamètre et enveloppez-le délicatement dans le film étirable. Conservez-le au réfrigérateur.

L'astuce du cuisinier

Tous les beurres sont préparés de la même manière, et vous pouvez varier à l'infini : avec des plantes fraîches ou sèches, des tomates séchées, des noix hachées, des moutardes, du vin, du jus de citron jaune ou vert… Roulés en forme de boudin et enveloppés dans une feuille de film étirable, ils se gardent 1 mois au congélateur ou 5 jours au réfrigérateur. Laissez-les ramollir légèrement à la température ambiante avant de les couper en tranches. Vous pouvez aussi diviser par deux les quantités indiquées ici.

Beurre à la coriandre et au piment

- 40 g de noix de macadamia grossièrement hachées
- 250 g de beurre ramolli
- 3 c. à s. de feuilles de coriandre fraîche grossièrement hachées
- 1/2 c. à c. de zeste de citron vert râpé
- 1 gros piment rouge coupé en petits dés
- 1 c. à s. de jus de citron vert

RECETTE POUR 250 G DE BEURRE
Temps de préparation 10 minutes
Temps de cuisson 2 minutes

1 Faites griller à feu moyen les noix de macadamia jusqu'à ce qu'elles prennent une couleur dorée. Laissez-les refroidir.

2 Mélangez le beurre et les noix dans un bol, puis ajoutez les autres ingrédients. Mélangez jusqu'à obtenir une pâte homogène.

3 Placez la préparation sur une feuille de film étirable de 20 cm de long. Formez un boudin d'environ 5 cm de diamètre et enveloppez-le délicatement dans le film étirable. Conservez-le au réfrigérateur.

SAUCES PARFUMÉES

Les sauces proposées ici sont inspirées des cuisines nord-africaine, vietnamienne et française. Elles peuvent être servies en accompagnement ou incorporées dans toute une gamme de plats, entre autres ragoûts ou curries.

Harissa

8 piments séchés
2 gousses d'ail pelées
1/2 c. à c. de sel
2 c. à s. d'huile d'olive
1 c. à c. de graines de carvi moulues
1 c. à c. de coriandre moulue
1/2 c. à c. de cumin moulu

1 Faites tremper les piments séchés dans de l'eau très chaude pendant 30 minutes. Égouttez-les et éliminez les tiges et les graines. Mixez les piments, l'ail, le sel et l'huile d'olive au robot ménager.

2 Ajoutez les autres épices et mixez à nouveau. Versez dans un récipient hermétique et recouvrez d'une fine couche d'huile d'olive. La préparation se conserve 1 mois au réfrigérateur. Au moment de servir, diluez-la avec un peu d'huile et de jus de citron ou de bouillon chaud. Présentez la harissa comme condiment avec des œufs ou du couscous.

Cette sauce très épicée est caractéristique de la cuisine d'Afrique du Nord. Si vous utilisez des piments frais, supprimez l'opération de trempage.

Nuoc cham

2 petits piments rouges épépinés (ou plus, selon les goûts)
2 gousses d'ail
1 c. à c. de sucre
2 citrons verts pelés, épépinés et hachés
1 c. à s. de vinaigre
5 c. à s. de sauce de poisson (nuoc mam)

1 Écrasez au pilon les piments et l'ail pour former une pâte lisse. Ajoutez le sucre et les citrons. Écrasez au pilon pour constituer une pulpe. Filtrez.

2 Ajoutez 1 c. à s.'eau, le vinaigre et la sauce de poisson.

Assaisonnement indispensable de la cuisine vietnamienne, cette préparation épicée peut accompagner les légumes verts en salade, servir de marinade ou de sauce. On y trempe différentes sortes d'aliments : nems, légumes crus, viandes, crevettes, etc.

Sauce à l'oseille

200 g de feuilles d'oseille hachées
310 ml de bouillon de poisson ou de poulet
20 g de beurre doux
1 c. à s. de farine
4 c. à s. de crème fraîche
Du sel et du poivre noir moulu

1 Faites mijoter les feuilles d'oseille dans le bouillon pendant 5 minutes. Laissez légèrement refroidir et mixez au robot ménager.

2 Faites fondre le beurre, ajoutez la farine et mélangez à feu doux. Incorporez la purée d'oseille. Laissez mijoter 4 minutes en remuant.

3 Ajoutez la crème et assaisonnez à votre goût. Servez avec du poisson blanc poché, du saumon ou encore des pâtes.

Grand classique de la cuisine française, l'oseille fraîche donne un goût acidulé et citronné à cette sauce. Éliminez la tige centrale de la plante, qui peut être ferme.

Sauce béarnaise

60 ml de vinaigre de vin blanc
6 grains de poivre noir
1 feuille de laurier frais
1 oignon nouveau grossièrement haché
1 c. à s. d'estragon frais ciselé
1 1/2 c. à s. de cerfeuil ciselé
2 jaunes d'œufs
1 pincée de sel, 1 pincée de poivre
110 g de beurre doux ramolli

1 Mélangez dans une casserole le vinaigre, les grains de poivre, la feuille de laurier, l'oignon, 1 c. à s. d'estragon et de cerfeuil.

2 Portez à ébullition et laissez réduire à découvert jusqu'à ce qu'il ne reste que 1 c à s. de liquide. Réservez.

3 Mettez les jaunes d'œufs dans un récipient résistant à la chaleur ; ajoutez le sel, le poivre et 20 g de beurre ramolli. Filtrez le vinaigre dans un chinois placé au-dessus du même récipient.

4 Placez le récipient au-dessus d'une casserole d'eau frémissante ; il ne doit pas être en contact avec l'eau. Remuez sans arrêt jusqu'à ce que le beurre soit complètement fondu.

5 Recommencez avec le beurre restant, en l'ajoutant par petites quantités ; remuez après chaque ajout jusqu'à ce que le beurre fonde.

6 Hors du feu, incorporez les herbes restantes et servez.

L'estragon est indispensable dans cette recette classique française, voisine de la célèbre sauce hollandaise qui, elle, utilise une réduction au citron. Cette sauce offre beaucoup de possibilités et peut accompagner viande, volaille ou poisson.

Sauce au yaourt et aux herbes

4 c. à s. des herbes suivantes ciselées, au choix : ciboulette, coriandre, aneth, citronnelle, persil, cerfeuil, etc.
1 gousse d'ail écrasée
2 c. à s. de jus de citron
250 g de yaourt, grec de préférence
Du sel et du poivre noir moulu
1 pincée de paprika

1 Mélangez les herbes, l'ail, le jus de citron et le yaourt.

2 Assaisonnez selon votre goût avec le sel, le poivre et le paprika.

Plus légère que les sauces aux œufs ou à la crème, cette recette peut varier en fonction des herbes que vous avez à disposition, mais il en faut au moins 3 différentes. Elle se sert avec les salades, les currys ou en accompagnement.

Sauce au yaourt et aux herbes avec citron, aneth, ciboulette, ail, poivre et paprika.

PAIN AU PESTO

Le pesto et le pistou se préparent avec du basilic frais. Le pistou, variante française de la sauce italienne, est fait sans pignons. Dans ce pain succulent, le pesto est à la fois cuit dans la pâte et ajouté en fin de cuisson comme garniture.

310 g de farine
3 c. à c. de levure
1 gros œuf
375 ml de babeurre ou de lait ribot (on peut le remplacer par du yaourt allongé d'eau ou du lait allongé de jus de citron)
5 c. à s. de pesto au basilic
4 c. à s. de pesto aux tomates séchées
40 g de tomates séchées hachées dans l'huile
30 g de parmesan fraîchement râpé
Du pesto au basilic pour la garniture

RECETTE POUR 1 MICHE
Temps de préparation 15 minutes
Temps de cuisson 45 minutes

1 Préchauffez le four à 200 °C (th. 6-7). Tamisez la farine et la levure dans un récipient.

2 Ajoutez l'œuf, le babeurre et le pesto. Mélangez et formez une miche de pâte bien homogène.

3 Étalez du papier sulfurisé dans un moule de 10,5 x 21 cm et déposez la pâte au centre. Incorporez un peu de pesto aux tomates dans le haut de la miche, et parsemez de tomates séchées et de parmesan.

4 Faites cuire de 40 à 45 minutes, jusqu'à cuisson complète du pain. Placez la miche sur une grille. Servez-la tiède, parsemée de pesto au basilic (voir recette ci-dessous).

Variantes

Le basilic doux possède un arôme épicé et une saveur légèrement anisée. Le basilic est traditionnellement lié au pesto, mais d'autres herbes telles que la coriandre ou la roquette peuvent le remplacer. Un mélange à quantités égales d'une herbe au goût relevé, comme le basilic pourpre ou le basilic citronné, et d'une plus douce, tels le persil plat ou la menthe, constitue d'autres variantes possibles.

Pesto au basilic

1 Pelez 2 gousses d'ail charnues et déposez-les dans le bol d'un robot avec 30 g de pignons de pin, 30 g de parmesan ou de pecorino râpé, 4 c. à s. de feuilles de basilic frais et 3 c. à s. d'huile d'olive vierge extra.

2 Mixez tous les ingrédients. Ajoutez l'huile en un filet régulier ; le mélange doit être légèrement granuleux. Ajoutez de l'huile si nécessaire. Versez dans un bocal, recouvrez d'une fine pellicule d'huile et fermez hermétiquement. Ce pesto se conserve 15 jours maximum au réfrigérateur.

FOUGASSE AU ROMARIN

La pâte de cette fougasse italienne est enrichie à l'huile d'olive. Badigeonnez-la d'huile et parsemez-la de brins de romarin frais et de sel avant la cuisson. Plusieurs variantes sont possibles avec d'autres plantes ou des olives hachées.

7 g de levure
1 pincée de sucre
185 g de farine
1/2 c. à c. de sel
4 c. à s. d'huile d'olive
2 c. à s. de feuilles de romarin frais ciselées
1 c. à c. de sel de mer

RECETTE POUR UNE FOUGASSE
Temps de préparation 15 minutes + 55 minutes pour laisser reposer la pâte
Temps de cuisson 30 minutes

1 Mélangez la levure et le sucre avec 3 c. à s. d'eau tiède. Ajoutez 100 ml d'eau tiède et laissez reposer 10 minutes.

2 Mélangez la farine, le sel, 3 c. à s.'huile d'olive et 1 c. à s. de romarin avec la levure jusqu'à obtention d'une pâte homogène.

3 Placez la pâte sur une plaque légèrement farinée et pétrissez-la environ 5 minutes.

4 Remettez la pâte dans un récipient graissé. Couvrez-la avec un torchon et laissez-la lever dans un endroit chaud pendant 45 minutes ou jusqu'à ce qu'elle ait doublé de volume.

5 Préchauffez le four à 200 °C (th. 6-7). Remettez la pâte sur un plan de travail fariné et pétrissez-la pendant 2 minutes. Faites une boule que vous aplatirez pour former une galette de 2 cm d'épaisseur environ.

6 Mettez la galette sur la plaque du four ; badigeonnez avec la dernière cuillerée d'huile et parsemez de romarin et de sel de mer. Faites cuire environ 20 minutes, jusqu'à ce que la fougasse ait levé et qu'elle soit dorée.

Variantes

Dégustez la fougasse nature ou en panini en l'ouvrant en deux et en la faisant toaster. Confectionnez une pizza rapide en faisant griller à la poêle le côté ouvert, que vous recouvrirez de légumes grillés et de parmesan, de pecorino râpé ou encore de fines tranches de mozzarella. Parsemez de basilic frais.

PAIN AUSTRALIEN À LA SAUGE

Ce pain traditionnel était consommé par les habitants du bush. Il est ici agrémenté de jambon italien, de feta et de sauge.

50 g de jambon cru italien (prosciutto) grossièrement haché
250 g de farine à gâteaux
2 c. à c. de levure
1 c. à c. de sel
50 g de feta émiettée
1 c. à s. de feuilles de sauge fraîche ciselées
250 ml + 1 c. à s. de lait

RECETTE POUR UN PAIN
Temps de préparation 15 minutes
Temps de cuisson 30 minutes

1 Préchauffez le four à 220 °C (th. 6-7). Faites frire le jambon à la poêle à feu moyen, en remuant jusqu'à ce qu'il brunisse et croustille. Égouttez-le sur du papier absorbant et laissez-le refroidir.

2 Tamisez la farine, la levure et le sel. Ajoutez le jambon et les autres ingrédients. Mélangez le tout.

3 Mettez la pâte sur une plaque farinée et pétrissez-la légèrement pendant 1 minute. Formez une boule et aplatissez-la légèrement. Avec un couteau pointu, entaillez une croix d'environ 2 cm de profondeur à la surface de la pâte.

4 Mettez la pâte sur la plaque du four ; badigeonnez-la avec la cuillerée de lait. Faites cuire de 25 à 30 minutes, jusqu'à ce que le pain soit doré.

En savoir plus

Le prosciutto est un jambon italien qui a été salé puis séché à l'air. Vous pouvez le remplacer par de la pancetta, de la coppa ou du bacon.

SCONES À L'ESTRAGON ET AU POTIRON

Les scones sont emblématiques du « tea time » anglais. Cette version au potiron et à l'estragon ravira vos convives.

250 g de farine à gâteaux
1/2 c. à c. de sel
40 g de beurre
250 g de purée de potiron refroidie
2 c. à s. de feuilles d'estragon frais ciselées
60 g de parmesan fraîchement râpé
1 gros œuf
2 c. à s. de lait

RECETTE POUR 12 SCONES
Temps de préparation 15 minutes
Temps de cuisson 20 minutes

1 Préchauffez le four à 200 °C (th. 6-7). Tamisez la farine et le sel dans un saladier ; incorporez du bout des doigts le beurre à la farine pour obtenir un sable grossier.

2 Incorporez les autres ingrédients et mélangez bien. Placez la pâte sur un plan légèrement fariné et pétrissez-la un peu jusqu'à ce qu'elle soit souple.

3 Aplatissez la pâte pour obtenir une galette de 2 cm d'épaisseur environ. Découpez des scones avec un emporte-pièce de 5 cm de diamètre.

4 Mettez les scones sur la plaque du four recouverte de papier sulfurisé. Laissez cuire de 18 à 20 minutes environ, jusqu'à ce qu'ils brunissent et soient encore moelleux. Mettez-les à refroidir sur une grille.

SOUPE DE CRESSON

Le cresson est riche en antioxydants. Associé aux pommes de terre, à la crème et au raifort, il constitue une soupe réconfortante et saine. Faites cuire le cresson rapidement pour en préserver les vitamines.

- 1 c. à s. d'huile d'olive
- 6 oignons nouveaux en fines rondelles
- 700 g de pommes de terre épluchées et coupées en dés
- 1,5 litre de bouillon de poulet
- 2 bottes de cresson frais (environ 200 g), sans les tiges
- 2 c. à c. de sauce au raifort
- 125 g de crème fraîche
- 2 c. à s. de ciboulette fraîche coupée en tronçons de 1 cm

RECETTE POUR 6 PERSONNES
Temps de préparation 10 minutes
Temps de cuisson 30 minutes

1 Faites chauffer l'huile et faites-y sauter les oignons jusqu'à ce qu'ils soient translucides. Ajoutez les pommes de terre et le bouillon. Amenez à ébullition. Réduisez la température et faites mijoter 15 à 20 minutes environ, jusqu'à la cuisson complète des pommes de terre.

2 Ajoutez le cresson et la sauce au raifort, puis une partie de la crème fraîche. Remuez jusqu'à ce que le cresson soit fondu. Laissez-le cuire un minimum de temps.

3 Mixez la soupe au robot ménager ou au moulin à légumes. Répartissez dans 6 bols ; ajoutez dans chaque bol un soupçon de crème fraîche et parsemez de ciboulette.

Variantes

SOUPE DE CRESSON ÉPICÉE
Remplacez la sauce au raifort par 2 c. à c. de gingembre finement haché. Parsemez de feuilles de basilic thaï et de coriandre. Servez avec des quartiers de citron vert.

SOUPE ESTIVALE GLACÉE
Faites un mélange moitié pommes de terre, moitié poireaux. Assaisonnez à votre goût. Placez la soupe au réfrigérateur 3 ou 4 heures et servez-la parsemée d'aneth frais haché.

SOUPE THAÏE

Les feuilles acidulées de combava sont l'un des assaisonnements traditionnels de la cuisine thaïe. Elles sont ici accompagnées de poisson blanc, de grosses crevettes et de nouilles pour constituer une entrée consistante.

100 g de nouilles de riz plates
1 c. à s. d'huile d'arachide
3 tiges de citronnelle fraîche, partie blanche du milieu finement ciselée (environ 3 c. à s.)
1 morceau de 5 cm de galanga coupé en fines tranches
1 c. à s. de pâte de piment
1 litre de bouillon de poulet
500 ml de lait de coco
2 c. à s. de feuilles de combava frais coupées en fines lanières
1 c. à s. de sucre de palme en poudre
60 ml de sauce de poisson (nuoc mam)
400 g de filets de poisson blanc à chair ferme coupés en dés
8 grosses crevettes crues déveinées et décortiquées, avec leur queue
2 c. à s. de jus de citron vert frais
1 c. à s. de feuilles de coriandre grossièrement hachées
1 c. à s. de feuilles de basilic thaï grossièrement hachées
Des quartiers de citron vert

RECETTE POUR 6 PERSONNES
Temps de préparation 20 minutes
Temps de cuisson 12 minutes

1 Couvrez les nouilles d'eau bouillante dans un récipient résistant à la chaleur et attendez 10 à 15 minutes qu'elles ramollissent ; égouttez-les et réservez.

2 Faites chauffer l'huile. Ajoutez la citronnelle, le galanga et la pâte de piment. Faites cuire 1 minute en remuant. Ajoutez le bouillon et le lait de coco. Portez à ébullition. Réduisez la température et faites mijoter 5 minutes.

3 Ajoutez les feuilles de combava, le sucre de palme, la sauce de poisson et les nouilles ; faites mijoter 3 minutes supplémentaires. Ajoutez le poisson ; faites cuire 2 minutes. Ajoutez les crevettes ; faites cuire 1 minute environ, jusqu'à ce qu'elles deviennent roses.

4 Hors du feu, incorporez le jus de citron vert, la coriandre et le basilic. Mettez d'abord les nouilles au fond d'une soupière et versez ensuite la soupe. Servez avec des quartiers de citron vert.

SOUPE DE QUENELLES AUX HERBES

Ces quenelles parfumées au parmesan, persil et ciboulette transforment cette soupe en un savoureux plat complet.

Soupe

1 kg de tomates coupées en deux
4 gousses d'ail non pelées
1 oignon rouge pelé et coupé en quartiers
1 c. à c. de sel de mer
2 c. à s. d'huile d'olive
500 g de bifteck coupé en dés de 1 cm
1 litre de bouillon de légumes

Quenelles

190 g de farine à gâteaux
60 g de beurre coupé en cubes
2 c. à s. de parmesan râpé
1 c. à s. de ciboulette ciselée
1 c. à s. de persil ciselé
125 ml de lait

RECETTE POUR 6 PERSONNES
Temps de préparation 20 minutes
Temps de cuisson 1 heure

1 Préchauffez le four à 180 °C (th. 6). Mettez les tomates (côté coupé vers le haut), l'ail et l'oignon sur la plaque, saupoudrez de sel et arrosez de 1 c. à s. d'huile d'olive.

2 Faites griller les légumes pendant 30 minutes et laissez-les refroidir légèrement. Pelez les tomates et l'ail.

3 Mixez les légumes au robot ménager ou au moulin pour les réduire en purée.

4 Faites chauffer le reste de l'huile et faites-y revenir la viande. Remettez-la ensuite dans une casserole avec la purée de tomates et le bouillon. Laissez mijoter 45 minutes avant d'ajouter les quenelles.

5 Pour faire les quenelles, mélangez du bout des doigts la farine et le beurre afin d'obtenir une pâte sableuse. Incorporez le parmesan et les herbes avec une cuillère en bois ou une spatule en plastique. Ajoutez le lait. Mélangez bien et pétrissez rapidement la pâte.

6 Prélevez des boules de pâte avec une cuillère à café et, après avoir fariné vos mains, donnez-leur leur forme définitive. Jetez ces quenelles dans la soupe et laissez mijoter 15 minutes. Répartissez dans des bols et servez.

SALADE DE POMMES DE TERRE AU RAIFORT

Cette salade croquante accompagne parfaitement les viandes grillées au barbecue (agneau ou bœuf) et froides.

- 1 kg de petites pommes de terre coupées en 2 (rattes, charlottes…)
- 2 petites têtes de chicorée (salade verte ou rouge)
- 2 c. à s. de feuilles de persil plat frais hachées
- 2 c. à s. de feuilles d'estragon frais grossièrement hachées
- 60 g de noix concassées
- Le jus de 1 citron
- 1 c. à s. de racine de raifort frais râpée
- 200 g de crème fraîche
- 1 pincée de sel de mer

RECETTE POUR 6 PERSONNES
Temps de préparation 15 minutes
Temps de cuisson 10 minutes

1 Faites cuire les pommes de terre dans une grande quantité d'eau jusqu'à ce qu'elles soient tendres. Égouttez-les et laissez-les légèrement refroidir.

2 Mettez-les dans un saladier et ajoutez les feuilles de chicorée, le persil, l'estragon et les noix. Mélangez le tout.

3 Mélangez dans un bol le jus de citron, le sel, le raifort et la crème fraîche ; Versez cet assaisonnement sur la salade de pommes de terre et remuez.

L'astuce du cuisinier

On utilise ici les pommes de terre chaudes car elles s'imprègnent plus facilement de la saveur de l'assaisonnement. Lorsqu'elles sont froides, la sauce les recouvre mais ne pénètre pas.

SALADE FATTOUCHE

Le sumac est une épice rouge-violet à la saveur de citron légèrement aigre. Il parfume le riz en Turquie et en Iran, et remplace le jus de citron dans l'assaisonnement des salades, comme dans cette recette libanaise.

4 pains pitas
1 c. à s. d'huile d'olive
1 c. à s. de sumac
500 g de tomates cerises coupées en deux
1 concombre découpé en quartiers et en tronçons de 2 cm
1 oignon rouge coupé en deux et en fines rondelles
5 c. à s. de feuilles de coriandre fraîche ciselées
5 c. à s. de feuilles de menthe fraîche ciselées
5 c. à s. de feuilles de persil plat frais ciselées
12 petites feuilles de laitue sucrine
150 g de feta émiettée
7 g d'olives de Kalamata

Sauce

1 gousse d'ail
60 ml de jus de citron
125 ml d'huile d'olive
1/4 de c. à c. de sumac
1 pincée de sel de mer

RECETTE POUR 4 À 6 PERSONNES
Temps de préparation 15 minutes
Temps de cuisson 15 minutes

1 Préchauffez le four à 180 °C (th. 6). Coupez chaque pain pita en quatre ; badigeonnez légèrement chaque quartier d'huile et saupoudrez de sumac ; mettez-les sur la plaque du four et faites-les cuire 10 à 15 minutes, jusqu'à ce qu'ils deviennent dorés et croustillants.

2 Mélangez les autres ingrédients dans un saladier et cassez les pitas en petits morceaux, que vous ajouterez à la salade.

3 Mélangez tous les ingrédients de la sauce, puis versez-la sur la salade. Remuez délicatement et servez.

Variantes

Vous pouvez aussi faire frire les pitas dans l'huile d'olive jusqu'à ce qu'ils deviennent croustillants. Cette salade est l'une des nombreuses recettes du monde dans lesquelles les paysans utilisent du pain (souvent rassis) pour donner de la consistance à un plat frugal.

PITAS AU TABOULÉ

Le persil plat est l'ingrédient clé du taboulé, cette salade traditionnelle du Moyen-Orient. Irrésistible association de tomates, de concombres et d'herbes combinée à la saveur de noisette du boulgour, il met en valeur le goût du bœuf grillé.

4 grands pains pitas coupés en deux
8 tranches fines de rosbif
4 tranches fines (90 g) de fromage type comté, emmental, etc., coupées en deux
8 tomates-cerises en coupées quartiers
1 avocat moyen épluché et coupé en tranches
2 c. à s. d'houmous

Taboulé

200 g de boulgour
2 tomates moyennes pelées, épépinées et finement concassées
1 petit concombre coupé en petits dés
5 c. à s. de feuilles de menthe fraîche ciselées
30 g de feuilles de persil plat frais ciselées
2 oignons nouveaux finement hachés
2 c. à s. d'huile d'olive
Le jus de 1 citron

RECETTE POUR 4 PERSONNES
Temps de préparation 10 minutes + 15 minutes pour faire gonfler le boulgour

1 Préparez le taboulé : plongez le boulgour dans un peu d'eau très chaude pendant 15 minutes. Égouttez-le et pressez-le pour en éliminez l'excès d'eau. Mélangez avec les autres ingrédients et assaisonnez à votre goût.

2 Remplissez les demi-pains avec le taboulé, le bœuf, le fromage, la tomate, l'avocat et l'houmous.

Variantes

PERSILLADE
Ce mélange de persil haché et d'ail rehausse le goût d'un plat s'il est ajouté à la fin de la préparation. On peut aussi le servir en garniture, y ajouter un zeste de citron ou des anchois ou bien remplacer le persil par du thym ou de l'estragon. La proportion est de 20 g de persil pour 2 gousses d'ail.

CHERMOULA
Mélange d'herbes et d'épices marocaines, la chermoula est une marinade pour la viande, la volaille ou le poisson. Elle peut aussi être étalée en pâte et former une croûte à la cuisson. C'est traditionnellement un mélange de coriandre et de persil frais dans lequel les épices peuvent varier. Dans notre recette, mélangez 20 g de coriandre et 20 g de persil ciselés avec 1 petit oignon rouge finement haché, 2 gousses d'ail écrasées, 1 c. à c. de chaque épice suivante : cumin, paprika, curcuma et piment, 125 ml d'huile d'olive et 2 c. à s. de jus de citron vert.

En savoir plus

Une portion de 30 g de persil frais contient de la vitamine C, du fer et du calcium en quantités non négligeables.

ROULEAUX DE PRINTEMPS

Réalisés avec des crêpes de riz et garnis de crudités et d'herbes, ces rouleaux sont plus légers que les les nems, faits avec de la pâte à frire et plongés dans l'huile bouillante. Vous pouvez y ajouter des crevettes ou du poulet.

12 crêpes de riz moyennes
50 g de vermicelle
2 petits concombres épépinés et coupés en fines lamelles
4 oignons nouveaux
1 poivron rouge coupé en lanières
12 haricots mange-tout coupés en lanières
1 carotte coupée en lamelles
12 feuilles de menthe fraîche
12 feuilles de coriandre fraîche
12 feuilles de basilic frais

Sauce

2 c. à s. de jus de citron vert
1 c. à s. de sauce de poisson (nuoc mam)
1 c. à c. de sucre
1 petit piment rouge épépiné et coupé en tranches fines

RECETTE POUR 4 PERSONNES
Temps de préparation 30 minutes

1 Mettez le vermicelle dans un récipient résistant à la chaleur et couvrez-le d'eau bouillante. Laissez-le tremper de 10 à 15 minutes environ, jusqu'à ce qu'il ramollisse. Égouttez-le.

2 Mettez les crêpes de riz dans un bol d'eau chaude pour les ramollir (30 secondes environ). Posez chaque crêpe sur le plan de travail ou sur une planche à découper et séchez-la avec du papier absorbant.

3 Répartissez le vermicelle, les légumes et les herbes au centre de chaque crêpe. Rabattez un des bords pour enfermer partiellement la garniture, puis rabattez les deux côtés opposés. Repliez le dernier côté et roulez la crêpe pour former un cigare complètement fermé.

4 Pour la sauce, mélangez tous les ingrédients et remuez pour bien dissoudre le sucre. Servez dans une coupelle pour y plonger les rouleaux.

Comment plier les rouleaux

1 Posez le mélange de légumes au milieu de la crêpe.
2 Rabattez le côté supérieur, puis les deux côtés opposés.
3 Roulez la crêpe pour former un cigare et bien enfermer la garniture.

QUICHE AUX PETITS POIS ET AU CERFEUIL

Pour relever la saveur de ce plat, ajoutez à la préparation un peu de piment rouge finement haché.

4 gros œufs
300 ml de crème fraîche
1/2 c. à c. de sel
3 c. à s. de cerfeuil frais haché
1 c. à s. de ciboulette fraîche ciselée
1 ou 2 rouleaux de pâte brisée prête à cuire
155 g de petits pois frais écossés
120 g de feta fraîche émiettée
60 g de fromage râpé (type comté ou emmental)

RECETTE POUR 4 PERSONNES
Temps de préparation 20 minutes
Temps de cuisson 35 minutes

1 Préchauffez le four à 180 °C (th. 6). Fouettez les œufs avec la crème ; salez et incorporez les herbes en remuant.

2 Huilez légèrement un moule rectangulaire de 35 x 12 cm ou rond de 23 cm de diamètre. Étalez délicatement la pâte dans le moule, en utilisant 2 rouleaux si nécessaire ; veillez à ce que la pâte épouse bien les contours du moule et enlevez l'excédent.

3 Répartissez les petits pois et la feta sur la pâte. Versez ensuite le mélange œufs/herbes et parsemez de fromage râpé.

4 Enfournez la quiche sur le premier cran du four ; faites cuire de 30 à 35 minutes environ, jusqu'à ce que la préparation soit légèrement dorée. Servez avec une salade.

En savoir plus

Le cerfeuil appartient à la famille du persil mais son parfum est beaucoup plus prononcé. C'est un des produits les plus utilisés dans la cuisine française traditionnelle. Associé à l'estragon, à la ciboulette et au persil, il entre dans la composition de la sauce aux fines herbes.

OMELETTES À LA LIVÈCHE ET AU FENOUIL

L'omelette est le plat rapide par excellence. Les herbes aromatiques rehaussent ici la saveur de ce grand classique.

8 beaux œufs
80 ml de lait
1 c. à c. de sel
25 g de brins de ciboulette fraîche ciselée
3 c. à s. de livèche grossièrement hachée
2 c. à s. de feuilles de fenouil frais grossièrement hachées
1 c. à s. de beurre
60 g de fromage râpé, type gruyère

RECETTE POUR 4 OMELETTES
Temps de préparation 10 minutes
Temps de cuisson 10 minutes

1 Battez les œufs et le lait. Assaisonnez et incorporez les herbes.

2 Faites fondre le beurre à feu vif. Versez un quart du mélange. Faites cuire 1 minute en remuant doucement. L'œuf commence à prendre sur le pourtour de la poêle. Avec une fourchette ou une cuillerère en bois, soulevez la partie déjà cuite pour permettre au mélange encore liquide de s'écouler en dessous.

3 Continuez la cuisson de 45 secondes à 1 minute jusqu'à ce que tout le mélange ait pris. Repliez l'omelette en deux et recouvrez-la d'une feuille d'aluminium mé,nager pour la conserver au chaud. Faites cuire les 3 autres omelettes et servez avec une salade verte croquante, des rondelles de tomate et de concombre.

L'astuce du cuisinier

Pour réussir l'omelette, il faut battre rapidement les œufs, ne pas les faire cuire trop longtemps et les ôter du feu dès qu'ils ont pris. Si vous préférez, vous pouvez ajouter les herbes en fin de cuisson au lieu de les mélanger aux œufs.

SOUFFLÉS AU THYM ET À L'ORIGAN

Le chutney crée ici la surprise et enrichit agréablement le goût des herbes, du fromage et du poivre de Cayenne.

60 g de beurre
2 c. à s. de farine
330 ml de lait
100 g de gruyère râpé
1/4 de c. à c. de poivre de Cayenne
4 gros œufs
2 c. à c. d'origan frais ciselé
2 c. à c. de thym frais ciselé
2 c. à s. de persil frais ciselé
2 c. à s. de chutney de fruits

RECETTE POUR 4 PERSONNES
Temps de préparation 30 minutes
Temps de cuisson 20 minutes

1 Préchauffez le four à 200 °C (th. 6-7). Huilez légèrement 4 ramequins de 250 ml. Faites fondre le beurre à feu doux. Incorporez la farine avec une cuillère en bois et mélangez sans arrêt pendant 1 minute.

2 Hors du feu, ajoutez peu à peu le lait en remuant jusqu'à obtenir une pâte lisse. Faites chauffer à feu moyen en remuant jusqu'à ce que le mélange épaississe et nappe le dos de la cuillère. Incorporez le fromage et le poivre de Cayenne. Laissez refroidir, couvert de film alimentaire. Quand le mélange est froid, ajoutez les jaunes d'œufs et les herbes.

3 Montez les blancs d'œufs en neige ferme. Incorporez-les délicatement au mélange sans trop remuer, en soulevant, jusqu'à ce qu'ils se fondent complètement dans la préparation.

4 Mettez 1/2 c. à s. de chutney dans chaque ramequin. Répartissez le mélange dans chacun d'eux, sans mélanger le chutney ; passez une petite spatule autour du bord pour façonner le haut du soufflé. Posez les ramequins sur la plaque du four.

5 Faites cuire 20 minutes environ, jusqu'à ce que les soufflés aient gonflé et doré. Servez immédiatement.

Comment réaliser les soufflés

1 1 Incorporez délicatement les blancs d'œufs dans la préparation en soulevant et non en remuant.
2 Mettez le chutney au fond de chaque ramequin.
3 Passez une spatule autour du bord du ramequin pour façonner le haut du soufflé.

GÂTEAU DE CRÊPES SAUGE-POTIRON

La saveur sucrée du potiron contraste avec le goût musqué de la sauge dans ce gâteau de crêpes au parmesan et à la ricotta.

310 g de farine
1 pincée de sel et de poivre
2 gros œufs
3 c. à s. d'huile d'olive
2 kg de potiron épluché, épépiné et grossièrement haché
200 g de ricotta fraîche
240 g de parmesan râpé
1/2 petit piment rouge finement haché
1 c. à c. de moutarde de Dijon
1 c. à s. de ciboulette fraîche ciselée
1 c. à s. de persil frais ciselé
1 gousse d'ail finement hachée

Sauce au beurre noir

250 g de beurre salé
20 feuilles de sauge fraîches

RECETTE POUR 6 PERSONNES
Temps de préparation 40 minutes
Temps de cuisson 40 minutes

1 Mélangez la farine, le sel et le poivre, les œufs, 1 c. à s. d'huile et 500 ml d'eau glacée. Fouettez jusqu'à ce que le mélange prenne la consistance d'une crème. Laissez reposer 30 minutes avant la cuisson.

2 Huilez légèrement une poêle antiadhésive. Versez 1 c. à s. de pâte en la répartissant bien dans toute la poêle. Faites cuire 1 minute environ, jusqu'à ce que le dessous soit doré. Retournez la crêpe et faites cuire 30 secondes. Répéter l'opération pour les 6 crêpes.

3 Préchauffez le four à 180 °C (th. 6). Faites sauter le potiron dans 2 c. à s. d'huile et laissez-le cuire au four 30 minutes, jusqu'à ce qu'il soit bien doré.

4 Écrasez à la fourchette le potiron, la ricotta, 180 g de parmesan, le piment, la moutarde, la ciboulette, le persil et l'ail pour obtenir une purée, que vous ferez refroidir.

5 Préchauffez le four à 180 °C (th. 6). Huilez un moule avec tour amovible. Posez une crêpe au fond puis recouvrez de purée de potiron. Faites plusieurs couches, en finissant par une crêpe. Tassez légèrement et saupoudrez du reste de parmesan. Faites cuire 15 minutes au four.

6 Pour la sauce, faites fondre le beurre à feu moyen jusqu'à ce qu'il mousse et devienne brun doré. Hors du feu, ajoutez les feuilles de sauge.

7 Démoulez le gâteau et découpez-le. Servez-le arrosé d'un filet de beurre noir après en avoir ôté les feuilles de sauge.

L'astuce du cuisinier

Le terme beurre noir peut prêter à confusion. Le beurre doit être chauffé jusqu'à ce qu'il prenne une teinte brun doré et non pas noire. Il gardera ainsi son bon goût de noisette. Pour cela, vous devez contrôler la cuisson en permanence.

GNOCCHIS À LA CIBOULETTE

Ces gnocchis originaux sont faits avec deux sortes de fromage. Ajoutez éventuellement des feuilles de basilic fraîches.

750 g de ricotta fraîche
185 g de parmesan râpé
2 petits œufs
115 g de farine
60 g de ciboulette fraîche ciselée
1 c. à s. de beurre fondu
250 ml de crème
100 g de bleu émietté
6 tranches de jambon italien (prosciutto) en fines lanières (environ 60 g)
3 c. à s. de ciboulette fraîche ciselée
Sel et poivre

RECETTE POUR 6 PERSONNES
Temps de préparation 30 minutes
Temps de cuisson 30 minutes

1 Préchauffez le four à 180 °C (th. 6). Mettez la ricotta, le parmesan, les œufs, la farine et la ciboulette dans un saladier et assaisonnez à votre goût. Mélangez avec une cuillère en bois.

2 Portez de l'eau à ébullition et baissez la température pour qu'elle frémisse. Avec deux cuillères à dessert, faites des boules de pâte de forme ovale que vous jetterez aussitôt dans l'eau. Laissez cuire 4 à 5 minutes environ, jusqu'à ce que les gnocchis remontent à la surface. Sortez-les de l'eau et posez-les sur du papier absorbant. Procédez en plusieurs étapes pour que la casserole ne soit pas trop pleine.

3 Graissez un plat à four avec un peu de beurre fondu et mettez-y les gnocchis.

4 Mélangez la crème, le bleu et le jambon. Versez sur les gnocchis et faites cuire 10 à 12 minutes au four, jusqu'à ce qu'ils soient légèrement dorés. Ajoutez la ciboulette. Servez chaud avec une salade verte, des rondelles de tomate et de concombre.

Comment faire les gnocchis

1 Formez des boules entre deux cuillères à dessert.
2 Sortez-les de la casserole avec une écumoire et égouttez-les sur du papier absorbant.
3 Mélangez la crème, le bleu et le jambon et versez sur les gnocchis.

MARINADES ET MÉLANGES D'ÉPICES POUR BARBECUE

Jerk jamaïcain

50 g de quatre-épices en poudre
155 g de sucre roux
4 gousses d'ail
4 piments scotch bonnet (variété de piment habanero, très fort)
1 c. à s. de thym séché ou 2 c. à s. de thym frais
8 oignons nouveaux hachés
1 c. à c. de cannelle
1/2 c. à c. de noix muscade en poudre
2 c. à s. de sauce soja
Du sel et du poivre selon votre goût

Mettez tous les ingrédients dans un robot ménager et mixez pour obtenir une pâte. Conservez ce jerk au maximum 1 mois au réfrigérateur, dans un récipient hermétique.

Mélange d'épices pour barbecue

2 c. à s. de sel
2 c. à s. de sucre roux
2 c. à s. de cumin en poudre
2 c. à s. de piment en poudre
2 c. à s. de poivre noir moulu
1 c. à s. de poivre de Cayenne
3 c. à s. de paprika

Mélangez tous les ingrédients et frottez-en les morceaux de bœuf, de poulet, d'agneau ou de porc avant de les faire griller au barbecue ou à la broche. La poudre se conserve 1 mois maximum au réfrigérateur, dans un récipient hermétique.

Mélange d'épices méditerranéen

1 c. à s. d'origan séché
1 c. à s. de marjolaine séchée
1 c. à s. de persil séché
1 c. à s. de basilic séché
1 c. à c. de sel de mer
1/2 c. à c. de grains de poivre noir
2 gousses d'ail grossièrement hachées
1 c. à s. de zeste de citron

Écrasez tous les ingrédients au pilon dans un mortier jusqu'à obtenir un mélange homogène. Se conserve au maximum 1 mois au réfrigérateur.

Mélange au citron et à la marjolaine

1 c. à s. de jus de citron
1 c. à c. de marjolaine fraîche ciselée
2 c. à c. d'huile d'olive

Mélangez tous les ingrédients et badigeonnez-en les brochettes de poulet au barbecue quelques minutes avant la fin de la cuisson.

Mélange de curry madras

2 piments séchés
4 c. à s. de graines de coriandre
2 c. à s. de graines de cumin
1 c. à c. de graines de moutarde
1 c. à s. de grains de poivre noir
6 feuilles de curry
1 c. à c. de gingembre en poudre
1 c. à c. de curcuma

Faites griller à la poêle les piments, la coriandre, le cumin, la moutarde et le poivre jusqu'à ce qu'ils exhalent leur parfum. Laissez refroidir. Séchez rapidement à la poêle les feuilles de curry et ajoutez-les aux épices. Réduisez le tout en poudre, tamisez et mélangez avec le gingembre et le curcuma. Se conserve au réfrigérateur, dans un récipient hermétique, 2 mois au maximum.

Mélange cajun

- 2 c. à s. de paprika
- 1 c. à s. de flocons de piment
- 1 c. à s. de sel de céleri
- 1 c. à c. de quatre-épices
- 2 gousses d'ail
- 2 c. à s. d'oignons déshydratés
- 2 c. à s. d'origan séché
- 2 c. à s. de thym séché
- 1 c. à c. de grains de poivre

Écrasez au pilon tous les ingrédients pour obtenir une poudre très fine qui se conservera au réfrigérateur, dans un récipient hermétique, 1 mois au maximum.

Marinade classique aux herbes

- 125 ml de vinaigre balsamique
- 125 ml d'huile d'olive
- 3 c. à s. de persil ou de coriandre frais
- 1 c. à s. de sucre (facultatif)
- 2 c. à s. d'aneth frais ciselé
- 1/2 c. à c. de sel
- 1 pincée de poivre noir moulu

Placez tous les ingrédients dans un bocal à bouchon vissé et secouez pour bien mélanger. Cette marinade, à préparer le jour même, permet de faire macérer des légumes crus ou juste blanchis, courges, courgettes et carottes par exemple. Utilisez-la aussi pour assaisonner une salade.

Mélange marocain

- 1 c. à c. de safran
- 1 c. à c. de harissa (recette p. 84)
- 1 c. à c. de cardamome moulue
- 4 clous de girofle
- 1 c. à c. de graines de cumin
- 4 gousses d'ail
- 3 c. à s. de feuilles de menthe fraîche
- 3 c. à s. de feuilles de coriandre fraîche

Écrasez tous les ingrédients dans un mortier pour obtenir un mélange fin. Se conserve au réfrigérateur, dans un récipient hermétique, 1 mois au maximum.

AGNEAU AROMATIQUE FROTTÉ À L'AIL

L'agneau, tendre et riche en saveur, est ici mis en valeur par ce puissant trio d'herbes : thym, romarin et persil. L'ail l'enveloppe en outre d'une croûte naturelle.

1 gigot de 2 kg
1 citron coupé en 2 et épépiné

Mélange d'herbes et d'ail

3 c. à s. de thym frais ciselé
2 c. à s. de romarin frais ciselé
2 c. à s. de persil frais ciselé
8 gousses d'ail finement hachées
1 c. à s. de gros sel de mer
1/2 c. à c. de poivre noir moulu
60 ml d'huile d'olive

RECETTE POUR 6 PERSONNES
Temps de préparation 20 minutes
+ 1 heure pour le marinage
Temps de cuisson 2 heures

1 Mélangez les herbes, l'ail, le sel et le poivre. Versez l'huile et mélangez bien.

2 Avec un couteau pointu, pratiquez plusieurs entailles d'environ 5 mm de long sur tout le gigot. Badigeonnez la viande avec la marinade en l'introduisant dans les entailles. Laissez reposer 1 heure à température ambiante.

3 Préchauffez le four à 180 °C (th. 6). Enfournez le gigot, côté gras vers le haut, et faites-le cuire environ 2 heures (30 minutes par livre). Couvrez d'aluminium ménager au bout de 1 heure.

4 Posez le gigot sur une planche à découper et arrosez-le de jus de citron. Attendez 10 à 15 minutes avant de le couper et de le servir, avec des légumes grillés.

Comment utiliser le mélange d'épices

1 Mélangez les herbes, l'ail et l'assaisonnement. Versez l'huile d'olive et mélangez.
2 Faites des entailles dans le gigot. Enduisez la viande avec le mélange et faites-le pénétrer dans les entailles pour parfumer l'intérieur.
3 Une fois cuit, l'agneau sera complètement imprégné de la saveur des herbes.

COUSCOUS À L'AGNEAU

Le ras el-hanout est un mélange marocain de quelque 20 plantes et épices, dont la cannelle, le clou de girofle, la lavande, le rhizome d'iris et le curcuma. Il se marie parfaitement avec la saveur de l'agneau grillé.

- 40 g d'amandes effilées
- 40 g de beurre
- 2 gousses d'ail finement hachées
- 500 ml de bouillon de poulet
- 1 pincée de safran
- 370 g de semoule de couscous à cuisson rapide
- 2 c. à s. de ras el-hanout
- 1 c. à s. d'huile d'olive
- 1 kg de côtes d'agneau
- 2 poivrons rouges épépinés et coupés en lanières
- 3 courgettes coupées en longs rubans
- 400 g de pois chiches en conserve égouttés
- 4 c. à s. de feuilles de menthe fraîche ciselées
- 4 c. à s. de feuilles de coriandre fraîche

RECETTE POUR 6 PERSONNES
Temps de préparation 20 minutes
Temps de cuisson 30 minutes

1 Faites blondir les amandes à feu moyen et laissez-les refroidir.

2 Faites fondre le beurre et mettez-y à sauter l'ail jusqu'à ce qu'il ramollisse. Ajoutez le bouillon et le safran. Portez à ébullition.

3 Versez la semoule dans le liquide bouillant. Hors du feu, faites-la gonfler pendant 5 minutes pour qu'elle absorbe tout le bouillon. Séparez les grains à la fourchette.

4 Préchauffez le gril à température moyenne. Mélangez l'huile et le ras el-hanout. Badigeonnez les côtes d'agneau avec ce mélange et faites-les griller 3 à 4 minutes de chaque côté, selon votre goût. Réservez au chaud.

5 Faites cuire les poivrons et les courgettes sur le gril 2 à 3 minutes de chaque côté.

6 Jetez les poivrons, les courgettes, les pois chiches et les herbes dans le couscous chaud. Recouvrez de côtes d'agneau et parsemez d'amandes, de menthe et de coriandre.

En savoir plus

Le couscous, ingrédient traditionnel en Afrique du Nord, est la graine obtenue par agglomération de semoule de blé précuite. Sa préparation habituelle est très longue mais il existe des variétés de bonne qualité à cuisson rapide ou instantanée qui donnent d'excellents résultats.

PIZZA AU POULET TANDOORI

Cette pizza traditionnelle à pâte fine se pare d'une garniture tout orientale à base de poulet tandoori et de noix de cajou.

1/2 c. à c. de levure
1 pincée de sucre
220 g de farine
1/2 c. à c. de sel
60 ml d'huile d'olive
2 blancs de poulet de 250 g sans la peau coupés en lamelles de 2 cm
3 c. à s. de pâte de tandoori
2 c. à s. = 125 g de yaourt nature
75 g de noix de cajou concassées
250 ml de sauce tomate à l'italienne
4 oignons nouveaux en fines lamelles
2 c. à s. de coriandre fraîche ciselée
2 c. à s. de feuilles de menthe fraîche ciselées
Des quartiers de citron pour la garniture

RECETTE POUR 4 PERSONNES
Temps de préparation 30 minutes + 1 à 2 heures pour le marinage et le repos de la pâte
Temps de cuisson 20 minutes

1 Mélangez la levure et le sucre avec 2 c. à s. d'eau tiède. Ajoutez 120 ml d'eau tiède et laissez reposer 10 minutes.

2 Mélangez la farine, le sel et l'huile avec la préparation à la levure pour constituer une pâte homogène.

3 Posez la pâte sur un plan de travail fariné et pétrissez-la environ 5 minutes. Formez une boule.

4 Remettez la pâte dans un bol légèrement graissé, couvrez avec un torchon et laissez-la lever dans un endroit chaud pendant 45 minutes, jusqu'à ce qu'elle ait doublé de volume.

5 Pétrissez-la à nouveau pendant 2 minutes. Divisez-la en deux et formez 2 boules que vous aplatirez pour obtenir 2 disques de 25 cm de diamètre environ. Réservez.

6 Mélangez le poulet, la pâte de tandoori et les 2 c. à s. de yaourt. Faites mariner au réfrigérateur 1 à 2 heures.

7 Préchauffez le four à 230 °C (th. 7-8). Faites blondir les noix de cajou à feu moyen et laissez-les refroidir.

8 Étalez la sauce tomate sur les pizzas ; répartissez uniformément les morceaux de poulet, les oignons, la coriandre et les noix de cajou. Faites cuire 5 minutes au cran le plus bas du four. Réduisez la température à 200 °C (th. 6-7) et faites cuire encore 15 minutes.

9 Mélangez les 125 g de yaourt et la menthe. Versez sur les pizzas. Servez avec les quartiers de citron.

POULET AU RIZ VERT

Pourquoi ne pas accommoder le poulet à la mode latino-américaine, en le cuisinant avec une sauce épicée aux plantes aromatiques et au vin ? Servez-le sur un lit de riz vert aux épinards, au persil et à la coriandre.

4 gousses d'ail finement hachées
2 c. à c. de feuilles d'origan frais ciselées
1/2 c. à c. de cannelle en poudre
1/2 petit piment rouge coupé en petits dés
1 c. à c. de cumin en poudre
1/2 c. à c. de coriandre en poudre
1/2 c. à c. de quatre-épices en poudre
125 ml de vin rouge
4 blancs de poulet de 250 g sans la peau

Riz vert

400 g de riz long grain
150 g d'épinards
5 c. à s. de persil plat frais haché
5 c. à s. de coriandre fraîche hachée
2 oignons nouveaux grossièrement hachés
1 gousse d'ail finement hachée
60 ml d'huile d'arachide ou de carthame
750 ml de bouillon de poulet
2 piments verts longs en fines lanières
1/4 de c. à c. de sel

RECETTE POUR 4 PERSONNES
Temps de préparation 10 minutes + 30 minutes pour le marinage

1 Mixez dans un robot ménager ou un moulin à légumes l'ail, l'origan, la cannelle, le piment, le cumin, la coriandre, le quatre-épices et le vin. Enduisez les filets de poulet de ce mélange. Mettez au réfrigérateur pendant 30 minutes.

2 Préchauffez la plaque de cuisson du four ou une poêle à feu moyen. Faites cuire le poulet 10 minutes, en le retournant 1 fois jusqu'à cuisson complète.

3 Versez de l'eau bouillante salée sur le riz dans un plat résistant à la chaleur. Laissez gonfler 10 minutes ; égouttez.

4 Rincez les épinards et faites-les tomber à découvert à feu moyen 1 à 2 minutes.

5 Mixez-les avec le persil, la coriandre, les oignons nouveaux, l'ail et 125 ml d'eau pour obtenir une purée.

6 Faites chauffer l'huile et faites-y dorer le riz à feu moyen et à découvert en remuant.

7 Ajoutez le bouillon et la purée d'épinards ; faites cuire en remuant de temps en temps jusqu'à ce que le riz soit tendre (environ 15 minutes). Incorporez les piments. Salez. Servez le poulet sur un lit de riz vert.

POULET À L'ESTRAGON

Ces blancs de poulet cuits dans une sauce au vin blanc, oignons et estragon sont une version rapide du traditionnel poulet à l'estragon cuisiné entier où le beurre d'estragon est introduit sous la peau de la volaille au lieu de la napper.

60 g de beurre doux
1 c. à s. d'huile d'olive
4 blancs de poulet de 250 g sans la peau
2 oignons nouveaux finement hachés
1 gousse d'ail finement hachée
60 ml de vin blanc sec
125 ml de crème
1 c. à s. d'estragon frais grossièrement haché

RECETTE POUR 4 PERSONNES
Temps de préparation 10 minutes
Temps de cuisson 15 minutes

1 Faites fondre le beurre et l'huile à feu moyen. Ajoutez le poulet et faites-le revenir en le retournant de temps en temps jusqu'à cuisson complète.

2 Ajoutez les oignons et l'ail. Quand ils sont cuits, versez le vin, la crème et l'estragon. Faites cuire 2 minutes supplémentaires en mélangeant pour recouvrir le poulet.

3 Servez le poulet avec des légumes à la vapeur de votre choix.

L'astuce du cuisinier

Conservez l'ail dans un endroit frais et sec à l'abri de la lumière pour qu'il garde sa saveur. Rangez-le dans un pot en terre réservé à cet effet ou dans un simple sac en papier kraft. Ne le mettez jamais au réfrigérateur car il peut germer et devenir amer.

BROCHETTES D'ESPADON AU BARBECUE

La chair ferme de l'espadon, qui convient parfaitement à la cuisson au barbecue, s'imprègne ici d'un arôme délicieux.

- 4 steaks d'espadon (600 g en tout environ) coupés en cubes de 3 cm
- 2 c. à s. de jus de citron
- 1 c. à s. d'origan frais ciselé
- 2 feuilles de laurier (de préférence fraîches) émincées
- 1 gousse d'ail
- 2 c. à s. d'huile d'olive
- 4 brins de romarin frais
- 4 brins de laurier frais
- 4 pains pitas
- 100 g de pousses d'épinards
- 2 petites tomates coupées en deux puis en tranches fines
- 1 concombre tranché fin en diagonale
- 4 c. à s. de caviar d'aubergine (mélange d'aubergines, de jus de citron, d'ail et de pâte de sésame)

RECETTE POUR 4 PERSONNES
Temps de préparation 10 minutes + 30 minutes pour le marinage
Temps de cuisson 4 minutes

1 Ne gardez que les feuilles supérieures des brins de romarin et de laurier pour former des brochettes.

2 Faites mariner le poisson dans le jus de citron, l'origan, les feuilles de laurier émiettées, l'ail et l'huile pendant 30 minutes.

3 Préchauffez le barbecue à feu moyen. Enfilez les morceaux de poisson sur les brochettes.

4 Faites-les cuire 2 minutes de chaque côté ou jusqu'à ce qu'ils soient cuits à votre goût.

5 Garnissez les pains pitas avec les épinards, les tomates, le concombre et le poisson, que vous aurez retiré des brochettes. Roulez les pains pitas et coupez-les en diagonale pour servir. Accompagnez de caviar d'aubergine.

Variantes

Vous pouvez remplacer les pains pitas par d'autres types de pains, style fougasses, tortillas ou pains scandinaves, que vous trouverez en supermarché. Les pains pitas doivent être ouverts en deux.

PAD THAÏ

Le mot thaï *pad* sert à décrire une nourriture saisie à la poêle. La pâte de tamarin donne au plat de nouilles décrit ici une saveur aigre-douce et fruitée, tout en contraste avec le goût de noisette des autres ingrédients.

180 g de nouilles de riz pad thaï déshydratées
80 ml d'huile d'arachide
2 oignons nouveaux finement hachés
2 gousses d'ail finement hachées
2 gros œufs battus
2 c. à s. de sauce de poisson (nuoc man)
2 c. à s. de pâte de tamarin
2 c. à c. de sucre
2 c. à s. de jus de citron vert
2 c. à s. de sauce tomate
16 grosses crevettes décortiquées et déveinées, avec leur queue
40 g de cacahuètes grillées
100 g de pousses de soja
3 c. à s. de feuilles de coriandre fraîche
3 c. à s. de feuilles de basilic thaï frais
Des quartiers de citron vert pour la présentation

RECETTE POUR 4 PERSONNES
Temps de préparation 15 minutes
Temps de cuisson 10 minutes

1 Mettez les nouilles dans un plat résistant à la chaleur et couvrez-les d'eau bouillante. Laissez gonfler 10 à 15 minutes et égouttez-les.

2 Faites chauffer l'huile d'arachide dans un wok ou dans une poêle. Faites-y cuire les oignons 1 minute. Ajoutez l'ail et, au bout de 30 secondes de cuisson, ajoutez les œufs en remuant jusqu'à ce qu'ils soient cuits. Versez la sauce de poisson, la pâte de tamarin, le sucre, le jus de citron et la sauce tomate. Mélangez.

3 Mettez les nouilles dans cette sauce, mélangez. Ajoutez les crevettes ; faites les cuire 2 à 3 minutes, jusqu'à ce qu'elles deviennent roses. Hors du feu, ajoutez les cacahuètes, les pousses de soja, la coriandre et le basilic. Servez avec les quartiers de citron vert.

En savoir plus

Transparentes et gélatineuses, les nouilles de riz existent sous différentes formes : déshydratées, surgelées ou fraîches. Leur grosseur varie depuis le plus petit vermicelle jusqu'aux feuilles de pâte très larges.

PAPILLOTES DE SAUMON À LA CORIANDRE

Un hachis d'herbes, de piments, de citron vert et de noix de cajou imprègne idéalement la saveur délicate du saumon.

150 g de pousses d'épinards
4 filets de saumon de 200 g
2 citrons verts coupés en rondelles de 1 cm
4 feuilles de combava fraîches coupées en lanières
1 gros piment rouge coupé en anneaux fins (facultatif)
5 c. à s. de feuilles de coriandre fraîche
5 c. à s. de feuilles de basilic thaï frais
2 oignons nouveaux en rondelles fines
100 ml de lait de coco
1 c. à s. de sauce de poisson
1 c. à c. d'huile de sésame
70 g de noix de cajou concassées grillées

RECETTE POUR 4 PERSONNES
Temps de préparation 20 minutes
Temps de cuisson 12 minutes

1 Préchauffez le four à 180 °C (th. 6). Étalez 4 carrés de 30 cm d'aluminiumménager . Répartissez les épinards dessus. Posez les filets de saumon et recouvrez-les de rondelles de citron, de combava, de piment, de coriandre, de basilic et d'oignons.

2 Mélangez le lait de coco, la sauce de poisson et l'huile.

3 Rabattez deux côtés opposés des carrés d'aluminium et refermez-les au milieu. Fermez une des extrémités en la repliant plusieurs fois. Dans la partie restée ouverte, versez 2 c. à s. du mélange au lait de coco. Fermez-la en la repliant pour constituer une papillote.

4 Posez les papillotes sur la plaque du four et faites-les cuire environ 12 minutes (pour une cuisson à point) . Servez le poisson dans sa papillote, avec des légumes cuits à la vapeur et du riz. Garnissez avec les noix de cajou grillées.

Comment faire les papillotes

1 Posez les épinards puis le poisson, le citron, les herbes et les épices sur un carré d'aluminium ménager.
2 Enveloppez le poisson et fermez une des extrémités. Versez le lait de coco.
3 Fermez hermétiquement toute la papillote, alors prête à être enfournée.

GELÉE À LA ROSE

Pour les grandes occasions, ce joli dessert sera unanimement apprécié grâce à sa couleur délicate et à son parfum sucré. Choisissez un moule dont la forme le mettra encore plus en valeur.

4 feuilles de gélatine (ou 2 c. à c. bombées de cristaux de gélatine)
500 ml de vin mousseux
145 g de sucre en poudre
1 c. à s. d'eau de rose
18 petits pétales de rose soigneusement lavés
Des framboises et de la crème pour la garniture

RECETTE POUR 4 PERSONNES
Temps de préparation 20 minutes
Temps de réfrigération 8 heures

1 Faites tremper les feuilles de gélatine dans un peu d'eau froide, pour les ramollir (2 à 3 minutes).

2 Faites chauffer 125 ml de vin et le sucre à feu moyen, en remuant pour dissoudre le sucre.

3 Ajoutez les feuilles de gélatine essorées entre vos doigts dans le mélange, en remuant pour les faire fondre. Laissez légèrement refroidir et ajoutez le reste de vin, l'eau de rose et les pétales de rose.

4 Versez dans des verres individuels ou dans un moule légèrement huilé ; placez au réfrigérateur pendant au moins 8 heures, jusqu'à la prise. Servez la gelée avec des framboises et de la crème.

SORBET AU BASILIC, SAUCE CITRON-MENTHE

Ce sorbet aux herbes constitue un dessert rafraîchissant, preuve que le basilic ne se limite pas à parfumer les plats salés.

170 g de sucre + 1 c. à s. pour la sauce
125 ml de jus de citron vert + 2 c. à s. pour la sauce
20 feuilles de basilic frais grossièrement hachées
1 melon vert ou jaune
2 c. à s. de feuilles de menthe fraîche grossièrement hachées

RECETTE POUR 6 PERSONNES
Temps de préparation 20 minutes, + 6 heures de congélation

1 Faites fondre le sucre dans 375 ml d'eau en remuant. Portez à ébullition et réduisez la température pour que le liquide frémisse pendant 5 minutes. Laissez refroidir.

2 Mettez dans un robot ménagerle sirop de sucre avec le jus de citron et les feuilles de basilic. Mixez.

3 Versez le mélange dans un bac à glace. Placez au congélateur pendant 3 heures, jusqu'à ce qu'il prenne. Mixez à nouveau et remettez au congélateur pendant plusieurs heures.

4 Épluchez et épépinez le melon. Coupez-le en tranches épaisses. Mélangez les feuilles de menthe, le jus de citron et le sucre pour la sauce et versez-la sur le melon. Mettez au frais jusqu'au moment de servir, recouvert de sorbet au basilic.

Variantes

SORBET AUX PLANTES AROMATIQUES
Portez à ébullition 115 g de sucre en poudre et 250 ml d'eau en remuant. Ajoutez 4 c. à s. d'herbes fraîches ciselées : feuilles de menthe odorante, de mélisse, de pélargonium ou de romarin, par exemple. Laissez infuser hors du feu et à couvert 20 à 30 minutes. Goûtez et ajoutez des plantes si nécessaire. Filtrez et ajoutez le jus de 1 citron. Versez le mélange dans un bac à glace et mettez au congélateur pendant 3 heures. Mixez et remettez au congélateur plusieurs heures.

PANNA COTTA AU LAURIER

La panna cotta, dessert italien à la texture douce, accompagne parfaitement les fruits frais, comme ici les fruits des bois.

10 g de feuilles de gélatine
500 ml de lait entier
1 gousse de vanille coupée en deux dans le sens de la longueur, graines ôtées
70 g de sucre en poudre
2 feuilles de laurier frais
350 ml de crème fraîche
400 g de fruits rouges frais
1 c. à c. de sucre
2 c. à c. de feuilles de menthe fraîche ciselées
Le jus de 1/2 citron vert

RECETTE POUR 8 PERSONNES
Temps de préparation 20 minutes
Temps de réfrigération 4 heures

1 Faites tremper les feuilles de gélatine dans un peu d'eau froide pour les ramollir (2 à 3 minutes).

2 Faites chauffer le lait, la vanille, le sucre et les feuilles de laurier écrasées en remuant jusqu'à ce que le sucre ait fondu. Ajoutez les feuilles de gélatine essorées et remuez pour les faire fondre. Laissez légèrement refroidir. Incorporez la crème fraîche en remuant pour obtenir un mélange lisse.

3 Retirez les feuilles de laurier et la vanille. Versez dans 4 ramequins de 150 ml légèrement huilés ; placez au réfrigérateur pendant 4 heures, jusqu'à la prise complète.

4 Mettez dans un saladier les fruits avec le sucre, la menthe et le jus de citron vert. Laissez reposer 5 minutes.

5 Pour démouler la panna cotta, passez une lame de couteau autour des ramequins, puis renversez. Servez avec les fruits rouges.

L'astuce du cuisinier

Démouler les desserts peut parfois tourner au cauchemar. Pour y parvenir, il faut toujours huiler légèrement les moules avec de l'huile d'arachide ou d'amande. Au lieu de passer une lame de couteau autour du bord, on peut aussi les plonger un instant dans un bol d'eau très chaude.

GÂTEAU CHOCO-MENTHE

La fraîcheur de la menthe et la douceur des amandes effilées rehaussent le moelleux de ce gâteau au chocolat noir. En refroidissant, il s'affaisse au centre et crée un creux parfait pour recevoir une garniture de fruits tendres.

125 g de beurre doux
150 g de chocolat noir (au moins 70 % de cacao) en morceaux
1 poignée de feuilles de menthe ou de menthe poivrée fraîches ciselées
6 gros œufs
1 pincée de sel
80 g de sucre en poudre
150 g d'amandes effilées
450 g de fruits rouges (fraises, mûres, myrtilles ou framboises)
Du sucre glace
De la crème fouettée pour la présentation

RECETTE POUR 8 PERSONNES
Temps de préparation 25 minutes
Temps de cuisson 35 minutes

1 Préchauffez le four à 170 °C (th. 5-6). Graissez un moule à gâteaux au tour amovible et tapissez le fond avec du papier sulfurisé.

2 Faites fondre le chocolat et le beurre dans un récipient résistant à la chaleur placé au-dessus d'une casserole d'eau frémissante, en remuant de temps en temps. Laissez tiédir avant d'incorporer les feuilles de menthe.

3 Battez les blancs d'œufs en neige ferme avec le sel. Incorporez peu à peu le sucre, en fouettant bien après chaque ajout.

4 Battez les jaunes d'œufs et incorporez les amandes effilées. Versez dans le chocolat refroidi et mélangez bien. Incorporez ensuite 2 c. à s. de blancs d'œufs pour alléger le mélange, puis le reste des blancs sans trop remuer, en soulevant la pâte.

5 Versez la préparation dans le moule et enfournez pour 35 à 40 minutes, jusqu'à ce que le gâteau ait levé et soit ferme au toucher. Laissez-le refroidir 15 minutes dans le moule avant de le poser sur une grille. Le centre va légèrement s'affaisser.

6 Décorez le gâteau refroidi avec les fruits rouges. Saupoudrez de sucre glace. Servez avec de la crème fouettée.

En savoir plus

La menthe poivrée a le goût et l'arôme d'un palet au chocolat et à la menthe type After Eight. Elle s'utilise dans les desserts au chocolat, mousse ou glace. Avec ses feuilles qui vont du vert foncé au violet, elle est aussi très décorative.

CUPCAKES AUX FLEURS CRISTALLISÉES

Les cupcakes magnifiquement décorés, et pourtant si faciles à faire, sont le nec plus ultra de la mode culinaire actuelle.

Cupcakes

225 g de beurre ramolli
230 g de sucre en poudre
1 c. à c. d'extrait de vanille
4 gros œufs
235 g de farine à gâteaux
1 c. à s. de lait
12 à 24 fleurs cristallisées (voir ci-dessous)

Glaçage

125 g de beurre ramolli
230 g de sucre glace
2 c. à s. de lait
Du colorant alimentaire

RECETTE POUR 12 GÂTEAUX
Temps de préparation 30 minutes + 1 à 3 jours si vous faites vous-même les fleurs
Temps de cuisson 15 minutes

1 Préchauffez le four à 180 °C (th. 6). Fouettez au batteur électrique le beurre et le sucre pour obtenir une crème légère.

2 Ajoutez la vanille et les œufs, un par un, en mélangeant bien à chaque fois.

3 Tamisez la farine au-dessus du mélange. incorporez la farine et le lait vec une spatule en plastique ou une cuillère en bois, pour obtenir une pâte homogène.

4 Répartissez le mélange dans 12 moules en papier que vous remplirez aux deux tiers. Faites cuire 15 minutes jusqu'à ce que les gâteaux soient dorés. Faites-les refroidir sur une grille.

5 Pour le glaçage, mixez au batteur électrique le beurre et le sucre glace jusqu'à ce que le mélange soit crémeux (environ 2 minutes). Ajoutez le lait et le colorant alimentaire et mélangez bien.

6 Glacez les gâteaux une fois refroidis et décorez de fleurs cristallisées.

Fleurs cristallisées

12 à 14 pétales de rose de violette ou d'une autre fleur comestible
1 blanc d'œuf conservé à température ambiante
230 g de sucre en poudre

1 Mélangez le blanc d'œuf avec quelques gouttes d'eau et battez-le à la fourchette jusqu'à ce qu'il se forme des bulles. Mettez le sucre dans un bol.

2 Tenez la fleur ou le pétale d'une main et, de l'autre main, trempez un petit pinceau dans le blanc d'œuf et enduisez-en complètement mais sans excès la fleur ou le pétale. Saupoudrez délicatement de sucre.

3 Placez sur une grille et recouvrez de papier sulfurisé pour le séchage. Recommencez l'opération pour chaque fleur ou pétale.

4 Laissez sécher complètement de 12 à 36 heures selon le degré d'humidité. Conservez les fleurs dans un récipient hermétique.

BOISSONS AUX PLANTES

Oubliez les sodas, qui n'apportent qu'un plaisir éphémère mais ne désaltèrent pas vraiment. Pour supporter la chaleur de l'été, comptez plutôt sur ces boissons rafraîchissantes et simples à préparer.

Jus de citron vert et coriandre

4 c. à s. de feuilles de coriandre fraîche (8 branches)
2 tiges de céleri-branche effilé et coupé en tronçons
1 citron vert pelé, épépiné et coupé en morceaux
2 pommes vertes moyennes épépinées et coupées en quartiers
250 ml de jus de canneberge (cranberry)
Des glaçons

RECETTE POUR 750 ML
Temps de préparation 5 minutes

Mettez la coriandre, le céleri, le citron et les pommes dans la centrifugeuse. Actionnez l'appareil. Filtrez et versez dans une carafe ou un grand saladier, ajoutez le jus de canneberge et les glaçons. Servez glacé.

Des pétales glacés

Les fleurs de pensée sont comestibles et peuvent être soit réparties dans des salades, soit cristallisées pour décorer les gâteaux. Faites-les congeler au centre de glaçons que vous mettrez dans la limonade que vous venez de préparer.

Limonade à la menthe

230 g de sucre en poudre
250 ml de jus de citron
1 litre d'eau plate ou gazeuse selon votre goût
50 g de feuilles de menthe fraîche
Des rondelles de citron

RECETTE POUR 1,5 L
Temps de préparation 15 minutes

1 Portez à ébullition à feu vif 250 ml d'eau et le sucre jusqu'à ce que le sucre ait fondu. Laissez refroidir.

2 Mélangez le sirop de sucre avec le jus de citron, l'eau plate ou gazeuse et les feuilles de menthe. Servez avec les rondelles de citron et des glaçons.

Variantes

LASSI
Pour préparer cette boisson indienne traditionnelle, mixez 125 ml de yaourt nature, 310 ml d'eau froide, 1/2 c. à c. de graines de cumin grillées, 1/4 de c. à c. de sel et 1 c. à c. de menthe fraîche. Servez glacé, garni de feuilles de menthe.

VIN CHAUD
Pour combattre les rigueurs de l'hiver, faites chauffer à feu doux 750 ml de vin rouge, 225 g de sucre, 125 ml de cognac, 125 ml d'eau, 2 oranges et 1 citron épépinés et tranchés fin, 2 petits bâtons de cannelle, 9 clous de girofle et 1 pincée de muscade en poudre. Faites frémir le liquide 5 à 10 minutes, en remuant de temps en temps jusqu'à dissolution du sucre. Filtrez et servez chaud.

Crédits photographiques

Couverture : 1re **de couverture** © Reader's Digest, © Reader's Digest, Andre Martin et Chris L. Jones ; 4e **de couverture** Franck Lane Picture Agency/Parameswaran Pilai Karunakaran, The Garden Collection/Andrew Lawson, Andre Martin et Chris L. Jones.

Toutes les photographies des pages intérieures sont d'Andre Martin et Chris L. Jones, sauf :

Pages 2 : iStockphoto.com/Brent Melton, © Reader's Digest, iStockphoto.com ; **3 :** © Reader's Digest, iStockphoto.com, © 2009 Photolibrary.com/Tim Hill, iStockphoto.com/Heidi Steinbach, Corbis/Dave Reede ; **6 :** Gap Photos Ldt/Richard Bloom, © Reader's Digest ; **7 :** The Garden Collection/Lisa Shalet ; **9 :** iStockphoto.com/Sandra Caldwell ; **10 :** iStockphoto.com/Sandra Caldwell, © Reader's Digest ; **11 :** © Reader's Digest, © Thinkstock 2012 ; **12 :** ShutterStock, Inc, © Reader's Digest ; **13 :** © Reader's Digest, Keith A McLeod ; **14 :** © Reader's Digest ; **15 :** © Reader's Digest ;**16 :** © Reader's Digest, © Reader's Digest ; **17 :** © Reader's Digest, The Garden Collection/Andrew Lawson ; **18 :** © Reader's Digest/Danny Smythe, Still Pictures/R. Koenig ; **19 :** © 2009 Photolibrary.com/Tim Hill ; **20 :** © Reader's Digest, © Thinkstock 2011 ; **21 :** © Reader's Digest, © Reader's Digest ; **22 :** © Reader's Digest, © Reader's Digest ; **23 :** The Garden Collection/Andrew Lawson, Getty Images/Bridge Art Library ; **24 :** © Reader's Digest, © Reader's Digest ; **25 :** iStockphoto.com/Sandra Caldwell ; **26 :** Garden World Images/Françoise Davis, © Reader's Digest ; **27 :** © 2009 Photolibrary.com/Photo Dinodia/Botanica, iStockphoto.com ; **28 :** © 2009 Photolibrary.com/Photo Dinodia/Botanica, © Reader's Digest ; **29 :** Corbis/Dave G. Houser, © Reader's Digest ; **30 :** © Reader's Digest, © Reader's Digest ; **31 :** © Reader's Digest, Deni Bown, Deni Bown ; **32 :** © Reader's Digest, iStockphoto.com/Linda & Colin McKie ; **33 :** Inga Spence/Visuals Unlimited/Getty Images, © Reader's Digest ; **34 :** Corbis/Owen Franken, iStockphoto.com ; **35 :** iStockphoto.com/Heidi Steinbach, Corbis ; **36 :** © Reader's Digest ; **37 :** Franck Lane Picture Agency/Imagebroker, © Reader's Digest ; **38 :** © Reader's Digest ; **39 :** Keith A McLeod, © Reader's Digest ; **41 :** Corbis/Dave Reede, iStockphoto.com/Eric Naud ; **42 :** Gap Photos Ltd/Juliette Wade, © Andia.fr / Mediacolors ; **43 :** Gap Photos Ltd/Visions, Keith A McLeod ; © Reader's Digest ; **44 :** © Reader's Digest ; **45 :** iStockphoto.com/Hazel Proudlove, © Reader's Digest ; **46 :** © 2009 Photolabrary.com/Gilbert S Grant, © Reader's Digest ; **47 :** © Reader's Digest ; **48 :** Frank Lane Picture Agency/Nigel Cattlin ; **49 :** naturepl.com/Willem Kolvoort, iStockphoto.com/Elena Schweitzer ; **50 :** Keith A McLeod, © Thinkstock 2012 ; **51 :** Garden World Images/Sandra O'Connor, Lynher Dairies Cheese Company ; **52 :** © Reader's Digest, Deni Bown ; **53 :** iStockphoto.com/Brent Melton, © Reader's Digest ; **54 :** © Reader's Digest, © Reader's Digest ; **55 :** © Reader's Digest ; **56 :** Getty Images/Stockfood ; **57 :** © Reader's Digest, © 2009 Photolibrary.com/Jo Whitworth ; **58 :** Franck Lane Picture Agency/Parameswaran Pilai Karunakaran, iStockphoto.com/Norman Chan ; **59 :** Gap Photos Ltd/Howard Rice, Getty Images/Dave King/Dorling Kindersley ; **60 :** © Reader's Digest, Alamy Images, © Reader's Digest ; **61 :** Gap Photos Ltd/Neil Holmes, © Reader's Digest ; **62 :** © Reader's Digest ; **63 :** Garden World Images, © Reader's Digest ; **64 :** © 2009 Photolibrary.com/Janet Seaton, © Reader's Digest ; **65 :** iStockphoto.com, Gap Photos Ltd/J S Sira ; **66 :** Gap Photos Ltd/Juliette Wade, The Garden Collection/Jonathan Buckley ; **67 :** Garden World Images/Gilles Delacroix, **68 :** © Reader's Digest ; **69 :** © Reader's Digest, © Reader's Digest ; **70 :** © Reader's Digest, © Thinkstock 2012 ; **71 :** Gap Photos Ltd/Neil Holmes ; **72 :** © Reader's Digest, © Reader's Digest ; **73 :** © Reader's Digest/Wolfgang Amri, Still Pictures/R Koenig ; **74 :** iStockphoto.com/Hazel Proudlove ; **75 :** The Garden Collection/Andrew Lawson, © Thinkstock 2012 ; **76-77 :** © Reader's Digest ; **78 :** © Reader's Digest ; **79 :** © Reader's Digest ; **81 :** © Reader's Digest.

ISBN : 978-2-7098-2355-5

Achevé d'imprimer : janvier 2012
Dépôt légal en France : mars 2012
Dépôt légal en Belgique : D-2012-0621-36

Imprimé en Chine
Printed in China